escola - المدرسة 2
viagem - سفر 5
transporte - نقل 8
cidade - مدينة 10
paisagem - طبيعة ريفية 14
restaurante - مطعم 17
supermercado - سوبرماركت 20
bebidas - مشروبات 22
comida - طعام 23
quinta - مزرعة 27
casa - بيت 31
sala de estar - غرفة جلوس 33
cozinha - مطبخ 35
casa de banho - الحمّام 38
quarto de criança - غرفة الأطفال 42
vestuário - ثياب 44
escritório - مكتب 49
agricultura - اقتصاد 51
profissões - المِهَن 53
ferramentas - عدة عمل 56
instrumentos musicais - آلات موسيقية 57
jardim zoológico - حديقة حيوانات 59
desporto - رياضة 62
atividades - نشاطات 63
família - عائلة 67
corpo - الجسم 68
hospital - المستشفى 72
emergência - حالة 76
terra - أرض 77
relógio - ساعة 79
semana - أسبوع 80
ano - سنة 81
formas - أشكال 83
cores - ألوان 84
opostos - الأضداد 85
números - أرقام 88
idiomas - اللغات 90
quem / o quê / como - من / ماذا / كيف 91
onde - أين 92

AF188034

Impressum
Verlag: BABADADA GmbH, Nedderfeld 112 , 22529 Hamburg
Geschäftsführer / Verlagsleitung: Harald Hof
Druck: Books on Demand GmbH, In de Tarpen 42, 22848 Norderstedt

Imprint
Publisher: BABADADA GmbH, Nedderfeld 112 , 22529 Hamburg, Germany
Managing Director / Publishing direction: Harald Hof
Print: Books on Demand GmbH, In de Tarpen 42, 22848 Norderstedt, Germany

escola

المدرسة

sala de aulas
القسم
dividir
يقسم
186/2
quadro
اللوح
pátio da escola
باحة المدرسة
professor
المعلم
papel
ورقة
escrever
يكتب
caneta
القلم
secretária
طاولة المكتب
régua
المسطرة
livro
الكتاب
aluno
التلميذ

mochila
الحقيبة المدرسية

estojo de lápis
المقلمة

lápis
قلم الرصاص

afia-lápis
البرّاية

borracha
المِمحاة

bloco de desenho
دفتر الرسم

desenho

الرسمة

pincel

الفرشاة

caixa de tintas

علبة التلوين

tesoura

المقص

cola

المادة اللاصقة

livro de exercícios

دفتر التمارين

trabalhos de casa

الواجب المدرسي

número

الرقم

somar

يجمع

subtrair

يطرح

multiplicar

يضرب

calcular

يحسب

letra

الحرف

alfabeto

الأبجدية

palavra

كلمة

texto

النص

ler

يقرأ

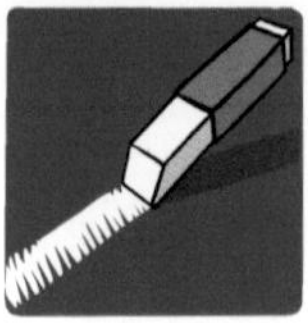

giz

الطبشور

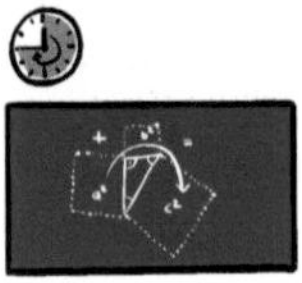

hora

الحصة

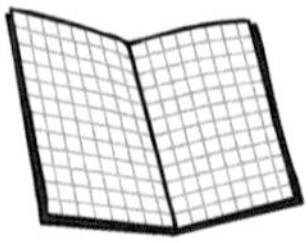

registo de presenças

دفتر الدوام المدرسي

exame

الامتحان

certificado

شهادة

uniforme escolar

اللباس المدرسي

educação

التعليم

enciclopédia

الموسوعة

universidade

الجامعة

microscópio

المِجهر

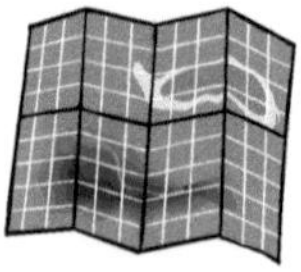

mapa

الخريطة

cesto de lixo

قماما

viagem
سفر

hotel
فندق
Grand
hostel
بيت الشباب
ROOMS
casa de câmbio
مكتب صرافة
EXCHANGE
mala
حقيبة
carro
سيارة

idioma
اللغة

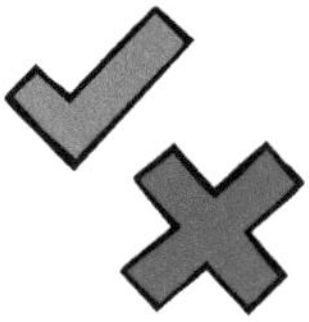

sim / não
نعم / لا

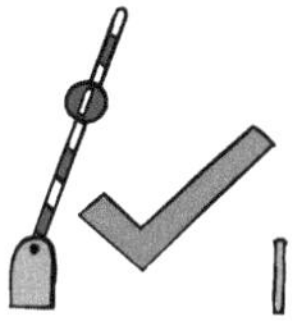

ok / certo / correto
حسناً

olá
مرحباً

intérprete
مترجم

obrigado
شكراً

quanto é que custa... ?

....

كم ثمن ... ؟

não entendo

....

لا أفهم

problema

....

مشكلة

boa noite!

....

مساء الخير

Bom dia!

....

صباح الخير!

Boa noite!

....

ليلة سعيدة

adeus

....

إلى اللقاء

direção

....

اتجاه

bagagem

....

أمتعة السفر

saco

....

حقيبة

mochila

....

حقيبة ظهر

convidado

....

ضيف

quarto

....

غرفة

saco-cama

....

كيس للنوم

tenda

....

خيمة

informação turística

استعلامات سياحية

praia

شاطئ

cartão de crédito

بطاقة ائتمان

pequeno-almoço

إفطار

almoço

طعام الغداء

jantar

العشاء

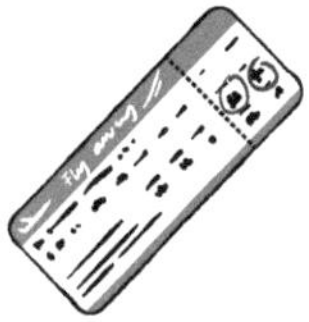

bilhete

بطاقة سفر

elevador

مصعد

selo postal

طابع بريدي

fronteira

حدود

alfândega

الجمارك

embaixada

سفارة

visto

تأشيرة

passaporte

جواز سفر

transporte
نقل

avião
طائرة
navio
سفينة
carro de bombeiros
سيارة إطفاء
autocarro
حافلة
camião
سيارة شاحنة
barco a motor
زورق آلي
bicicleta
درّاجة
carro
سيارة

cacilheiro
عبارة

barco
قارب

mota
دراجة نارية

carro de polícia
سيارة شرطة

carro de corrida
سيارة سباق

carro alugado
سيارة مستأجرة

carsharing

أسلوب تشاركي في استئجار السيارات

camião de reboque

سيارة للجر

camião do lixo

سيارة نقل القمامة

motor

محرك

combustível

وقود

estação de serviço

محطة وقود

sinal de trânsito

إشارة مرور

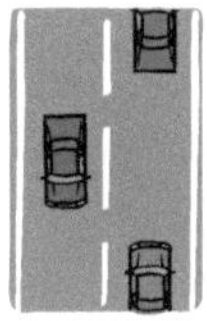

trânsito

حركة السير

congestionamento de trânsito

ازدحام سير

parque de estacionamento

موقف سيارات

estação ferroviária

محطة قطار

carris

سكك حديدية

comboio

قطار

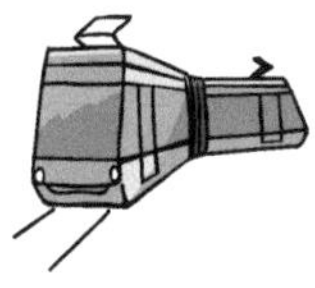

elétrico

ترام

carruagem

عربة قطار

helicóptero

طائرة مروحية

aeroporto

مطار

torre

برج

passageiro

مسافر

contentor

حاوية

caixa de papelão

علبة كرتون

carrinho

عربة يد

cesto

سلة

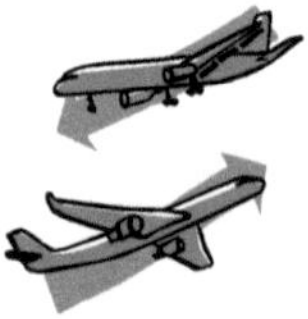

levantar voo / aterrar

يقلع / يهبط

cidade
مدينة

aldeia

قرية

centro da cidade

مركز المدينة

casa

بيت

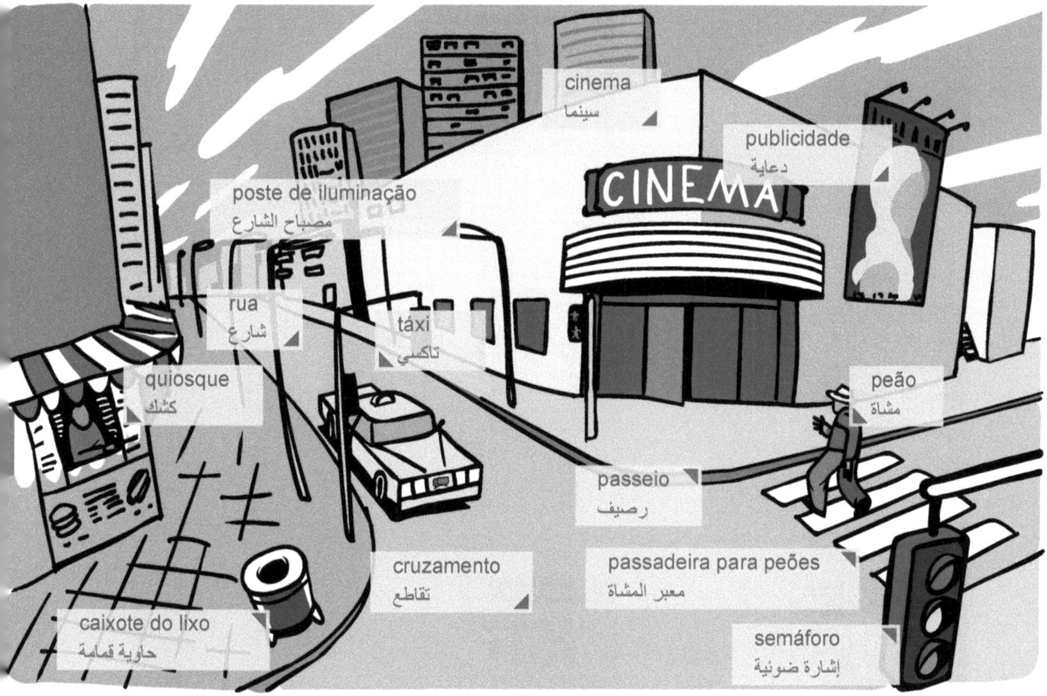

cinema
سينما
publicidade
دعاية
CINEMA
poste de iluminação
مصباح الشارع
rua
شارع
táxi
تاكسي
quiosque
كشك
peão
مشاة
passeio
رصيف
cruzamento
تقاطع
passadeira para peões
معبر المشاة
caixote do lixo
حاوية قمامة
semáforo
إشارة ضوئية

cabana
كوخ

apartamento
شقة

estação ferroviária
محطة قطار

câmara municipal
دار البلدية

MUSEUM

museu
متحف

escola
المدرسة

universidade

الجامعة

banco

مصرف

hospital

المستشفى

hotel

فندق

farmácia

صيدلية

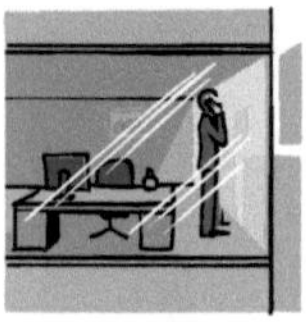

escritório

مكتب

livraria

مكتبة

loja

متجر

florista

محل لبيع الزهور

supermercado

سوبرماركت

mercado

سوق

loja de departamentos

متجر كبير

peixaria

تاجر السمك

centro comercial

مركز تسوّق

porto

ميناء

parque

حديقة عامة

banco

مقعد

ponte

جسر

escadas

درج، سلم

metro

مترو

túnel

نفق

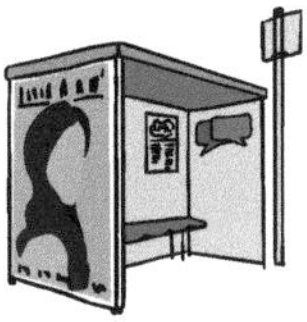

paragem de autocarro

موقف حافلات

bar

بار

restaurante

مطعم

caixa de correio

صندوق البريد

sinal de trânsito

لافتة باسم الشارع

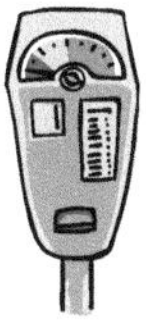

parquímetro

مقياس زمن الوقوف

jardim zoológico

حديقة حيوانات

piscina

مسبح

mesquita

مسجد

quinta

مزرعة

poluição

تلوث البيئة

cemitério

مقبرة

igreja

كنيسة

parque infantil

ملعب الأطفال

templo

معبد

paisagem
طبيعة ريفية

folha
ورقة
placa de sinalização
علامة إرشاد
caminho
طريق
prado
مرج
pedra
حجر
caminhantes
رحالة
árvore
شجرة
rio
نهر
relva
عشب
flor
زهرة

vale

وادٍ

montanha

جبل

lago

بحيرة

floresta

غابة

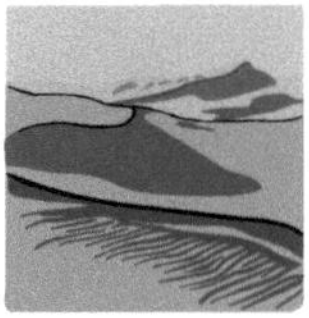

deserto

صحراء

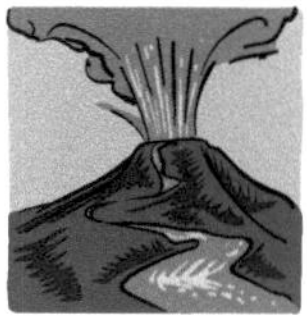

vulcão

بركان

castelo

قلعة

arco-íris

قوس قزح

cogumelo

فِطر

palma

نخلة

mosquito

بعوض

mosca

ذبَابَة

formiga

نملة

abelha

نحلة

aranha

عنكبوت

besouro

خنفساء

sapo

ضفدعة

esquilo

سنجاب

ouriço

قنفذ

lebre

أرنب

coruja

بومة

pássaro

عصفور

cisne

بجعة

javali

خنزير برّي

veado

غزال

alce

إلكة

barragem

سد

turbina eólica

دولاب الطاحونة الهوائية

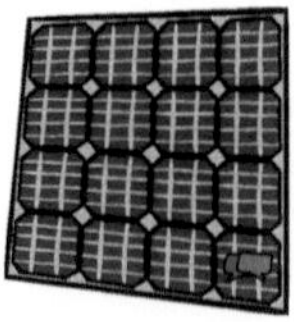

painel solar

خلية شمسية

clima

مناخ

empregado de mesa
نادل
menu
لائحة الطعام
cadeira
كرسي
sopa
حساء
pizza
بيتزا
talheres
أدوات المائدة
toalha de mesa
غطاء المائدة

entrada

مقبلات

prato principal

الصحن الرئيسي

sobremesa

حلوى أو فاكهة بعد الطعام

bebidas

مشروبات

comida

طعام

garrafa

زجاجة

fast food

وجبات سريعة

comida de rua

طعام الشارع

bule de chá

إبريق الشاي

açucareiro

علبة السكر

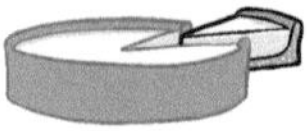

porção

حصّة

máquina de café expresso

آلة الإسبريسو

cadeira alta

كرسي عالٍ

conta

فاتورة

bandeja

صينية

faca

سكين

garfo

شوكة

colher

ملعقة

colher de chá

ملعقة الشاي

guardanapo

منديل المائدة

copo

كأس

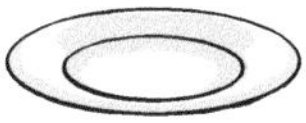

prato

صحن

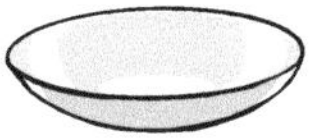

prato de sopa

صحن الحساء

pires

صحن الفنجان

molho

صلصة

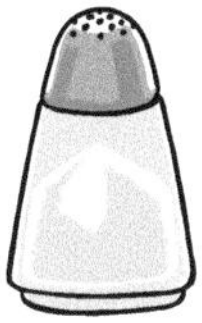

saleiro

مملحة

moinho de pimenta

مطحنة الفلفل

vinagre

خلّ

óleo

زيت الطعام

especiarias

توابل

ketchup

كتشاب

mostarda

خردل

maionese

مايونيز

supermercado

سوبرماركت

oferta especial
عرض خاص
FOR
cliente
زبون
laticínios
مشتقات الحليب
fruta
فواكه
carrinho de compras
عربة تسوّق

BUTCHERS

talho

جزّار

BAKERY

padaria

مخبز

pesar

يزن

vegetais

خضار

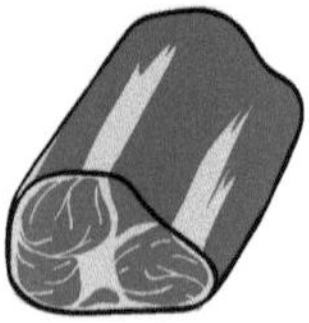

carne

لحم

alimentos congelados

المأكولات المجمّدة

charcutaria

مرتدلا أو جبن

comida enlatada

معلّبات

detergente em pó

مسحوق الغسيل

doces

حلويات

artigos domésticos

المواد المنزلية

produtos de limpeza

منظّفات

vendedora

بائعة

caixa

صندوق الحساب

caixa

أمين صندوق

lista de compras

قائمة المشتريات

horário de funcionamento

أوقات العمل

carteira

محفظة النقود

cartão de crédito

بطاقة ائتمان

saco

حقيبة

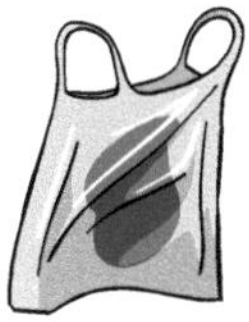

saco de plástico

كيس بلاستيكي

bebidas
مشروبات

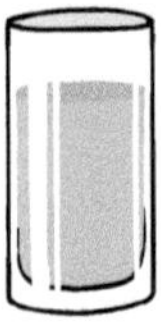

água

ماء

sumo

عصير

leite

حليب

coca-cola

كولا

vinho

نبيذ

cerveja

بيرة

álcool

كحول

cacau

كاكاو

chá

شاي

café

قهوة

café expresso

قهوة إسبريسو

capuccino

كابوتشينو

comida
طعام

banana

موزة

maçã

تفاح

laranja

برتقال

melão

بطيخ

limão

ليمون

cenoura

جزرة

alho

ثوم

bambu

خيزران

cebola

بصل

cogumelo

فِطر

nozes

لوزيات

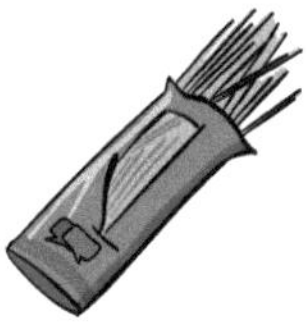

talharim

شعيرية

esparguete

سباغيتي

arroz

أرزّ

salada

سلطة

batatas fritas

بطاطا مقلية

batatas fritas

بطاطا مقلية

pizza

بيتزا

hambúrguer

هامبورغر

sanduíche

ساندويش

bife panado

شريحة لحم مقلية

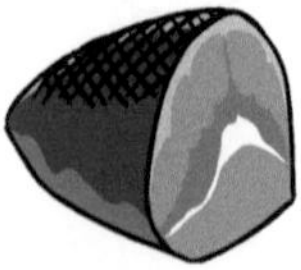

fiambre

لحم خنزير

salame

سلامي

salsicha

سجق

galinha

دجاج

assado

لحم محمر

peixe

سمك

flocos de aveia

دقيق الشوفان

muesli

موسلي

flocos de milho

كورن فلكس

farinha

طحين

croissant

كرواسان

carcaça (pãozinho)

خبز صغير

pão

خبز

torrada

خبز محمص

biscoitos

بسكويت

manteiga

زبدة

requeijão

لبن زبادي

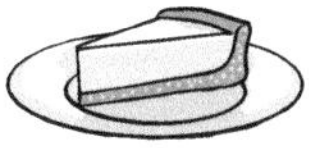

bolo

كعكة

ovo

بيضة

ovo estrelado

بيض مقلي

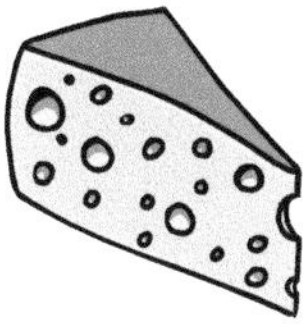

queijo

جبنة

gelado

مثلجات

açúcar

سكر

mel

عسل

compota

مربّى الفاكهة

creme de nougat

كريم النوغا

caril

الكاري

quinta
مزرعة

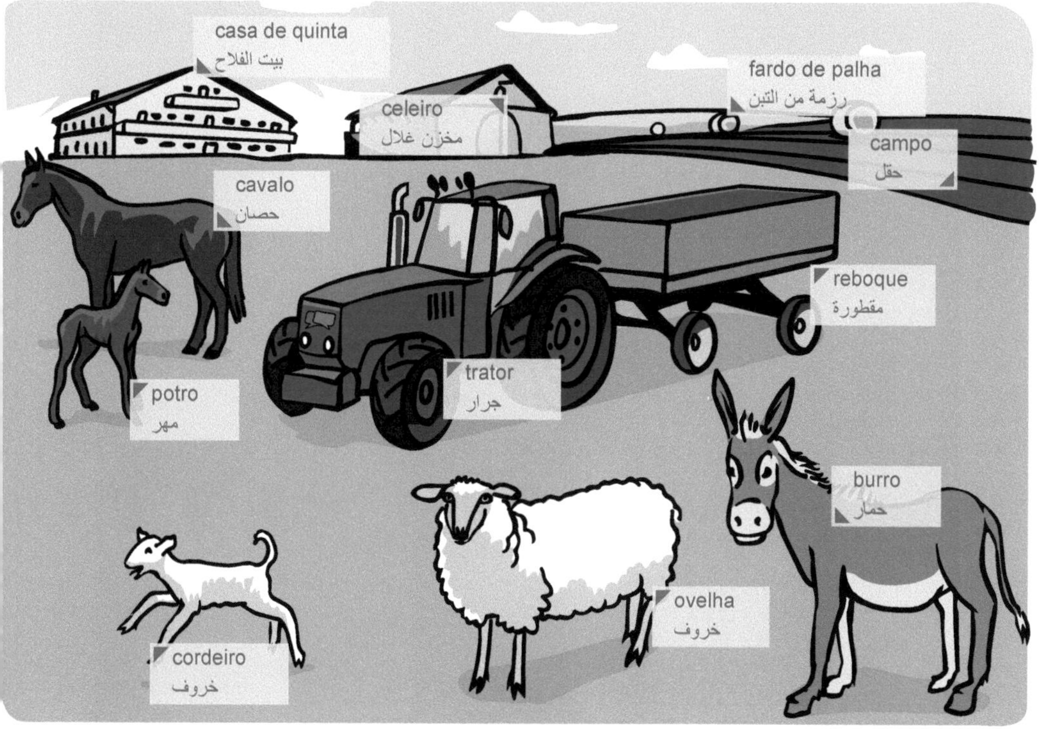
casa de quinta
بيت الفلاح
celeiro
مخزن غلال
fardo de palha
رزمة من التبن
campo
حقل
cavalo
حصان
reboque
مقطورة
trator
جرار
potro
مهر
burro
حمار
ovelha
خروف
cordeiro
خروف

cabra

ماعز

vaca

بقرة

bezerro

عجل

porco

خنزير

leitão

خنزير صغير

touro

ثور

ganso

إوزّة

pato

بطة

pintaínho

صوص

galinha

دجاجة

galo

ديك

ratazana

جرذ

gato

قطة

rato

فأر

boi

ثور

cão

كلب

casota

كوخ الكلب

mangueira de jardim

خرطوم الحديقة

regador

إبريق

foice

منجل

arado

المحراث

foice

منجل

enxada

معزقة

forquilha

مذراة الزبل

machado

بلطة

carrinho de mão

عربة يد

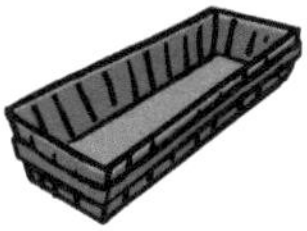

manjedoura

معلف

jarro de leite

صفيحة الحليب

saco

كيس

cerca

سياج

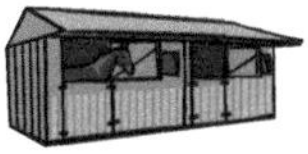

estábulo

اصطبل

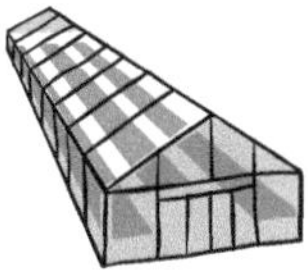

estufa

دفيئة

solo

تربة

semente

بذور

fertilizante

سماد

ceifeira-debulhadora

حصّادة درّاسة

colher

يحصد

colheita

محصول

inhame

بطاطا يامس

trigo

قمح

soja

صويا

batata

بطاطا

milho

ذرة

colza

سلجم

árvore de fruto

شجرة فاكهة

mandioca

نبات منيهوت

cereais

الحبوب

casa

بيت

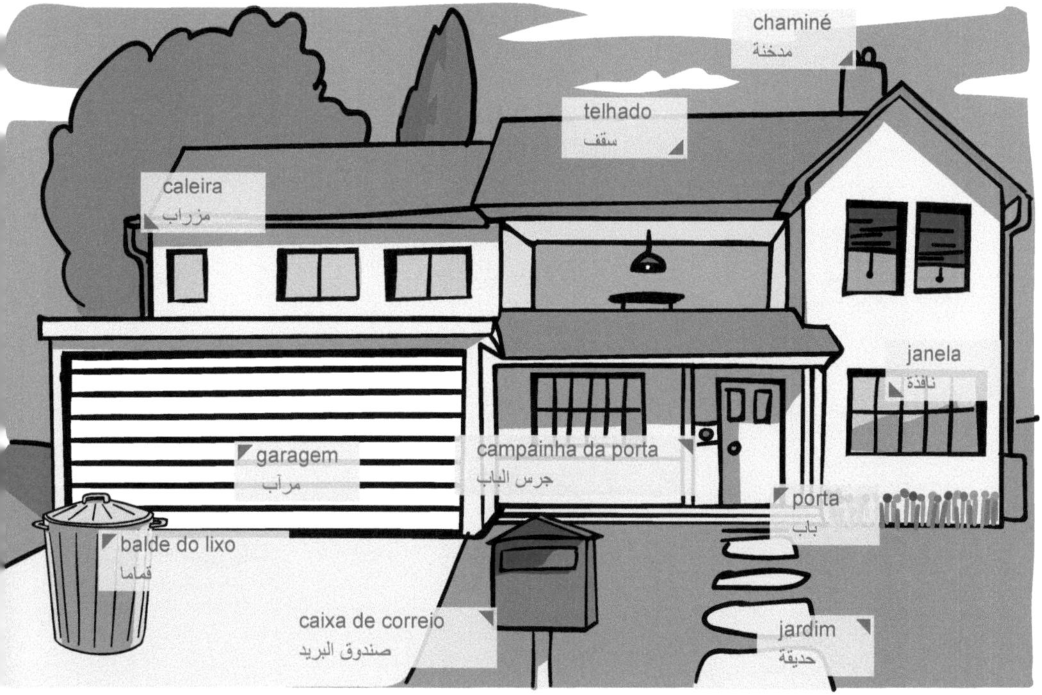

chaminé
مدخنة
telhado
سقف
caleira
مزراب
janela
نافذة
garagem
مرآب
campainha da porta
جرس الباب
porta
باب
balde do lixo
قماما
caixa de correio
صندوق البريد
jardim
حديقة

sala de estar

غرفة جلوس

casa de banho

الحمّام

cozinha

مطبخ

quarto de dormir

غرفة النوم

quarto de criança

غرفة الأطفال

sala de jantar

غرفة الطعام

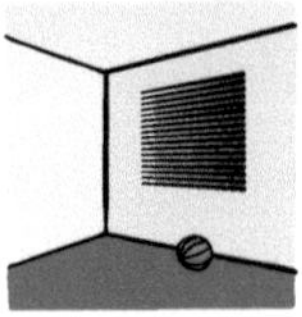

chão

أرضية

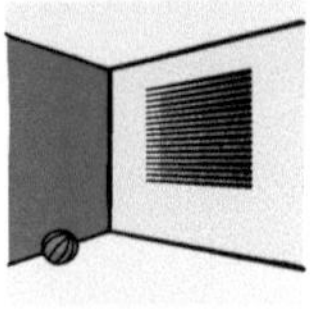

parede

حائط

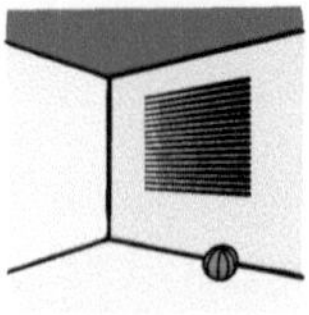

teto

سقف

cave

قبو

sauna

ساونا

varanda

بلكون

terraço

شرفة

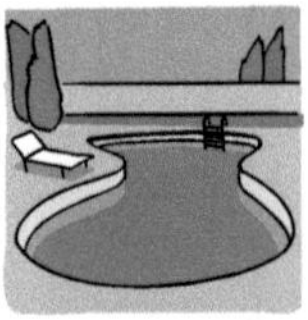

piscina

مسبح

máquina de cortar relvado

جزّازة العشب

lençol

بياضات السرير

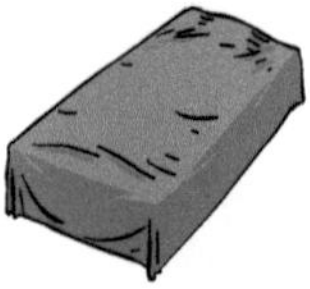

cobertor

بطانية

cama

سرير

vassoura

مكنسة

balde

سطل

interruptor

مفتاح كهربائي

sala de estar
غرفة جلوس

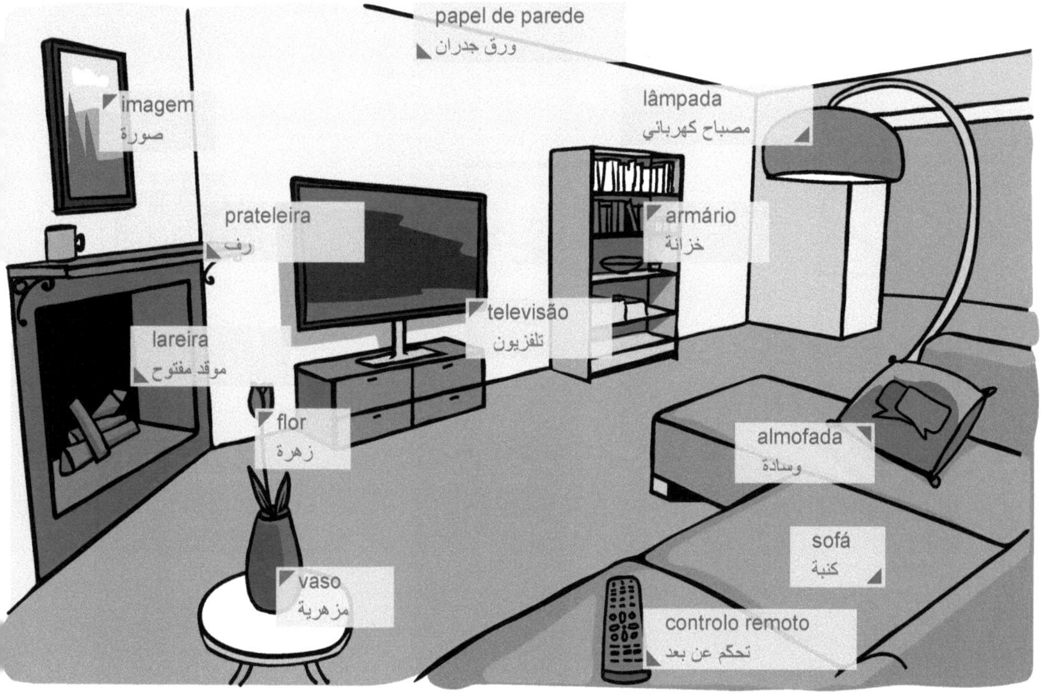
papel de parede
ورق جدران
imagem
صورة
lâmpada
مصباح كهربائي
prateleira
رف
armário
خزانة
televisão
تلفزيون
lareira
موقد مفتوح
flor
زهرة
almofada
وسادة
sofá
كنبة
vaso
مزهرية
controlo remoto
تحكم عن بعد

tapete
بصاط

cortina
ستارة

mesa
طاولة

cadeira
كرسي

cadeira de baloiço
كرسي هزّاز

poltrona
كرسي ذو ذراعين

livro

الكتاب

cobertor

بطانية

decoração

زخرفة

lenha

الحطب

filme

فيلم

sistema estéreo

تجهيزات ستيريو

chave

مفتاح

jornal

جريدة

pintura

لوحة مرسومة

póster

مُلصق

rádio

راديو

bloco de notas

دفتر ملاحظات

aspirador

المكنسة الكهربائية

cato

صبّار

vela

شمعة

cozinha
مطبخ

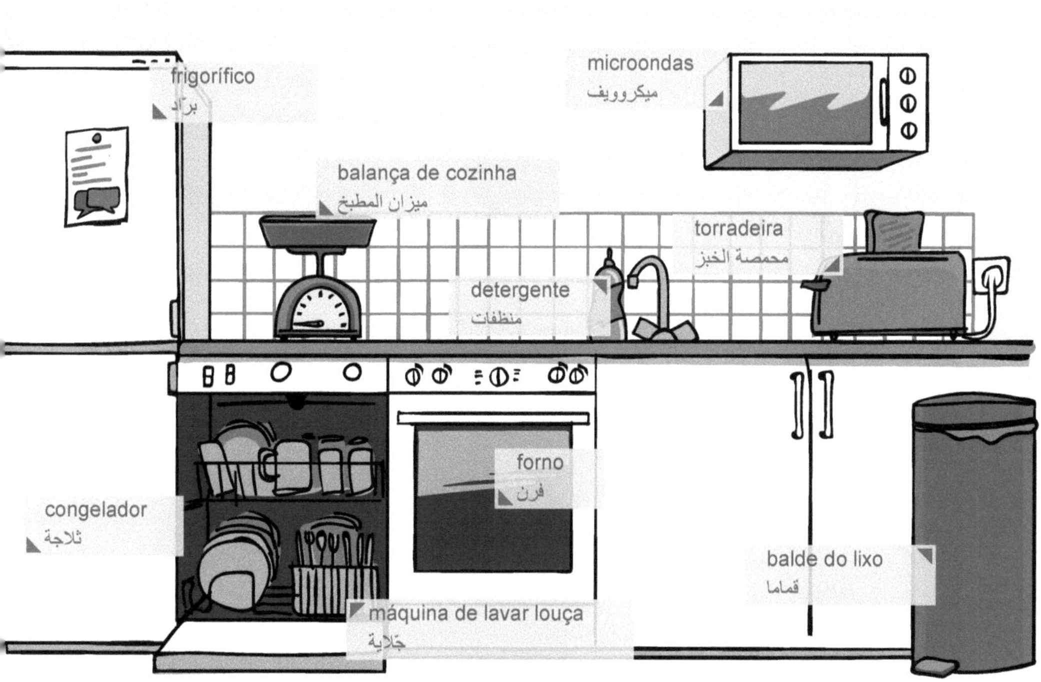
frigorífico
برّاد
microondas
ميكروويف
balança de cozinha
ميزان المطبخ
torradeira
محمصة الخبز
detergente
منظفات
forno
فرن
congelador
ثلاجة
balde do lixo
قماما
máquina de lavar louça
جلّاية

fogão

موقد

panela

قِدر

panela de ferro

وعاء من الحديد

wok / kadai

قدر صيني

frigideira

مقلاة

chaleira

غلاية

panela a vapor

قدر البخار

tabuleiro de forno

صينية

louça

أواني

caneca

فنجان

tigela

صحن

pauzinhos

عيدان الأكل

concha de sopa

مغرفة

espátula

ملعقة منبسطة

batedor de claras

خفاقة

escorredor

مصفاة

peneira

مصفاة

ralador

مِبشرة

almofariz

هاون

churrasqueira

شواء

lareira

موقد

tábua de cortar

لوح التقطيع

rolo da massa

نشّابة

saca-rolhas

مفتاح الزجاجات

lata

علبة

abridor de latas

مفتاح العلب المعدنية

luvas de forno

قماش الفرن

lava-loiça

مجلى

escova

فرشاة

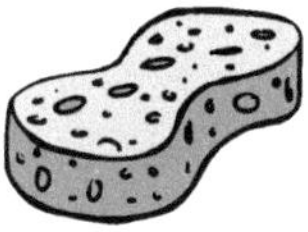

esponja

إسفنج

liquidificador

خلاط

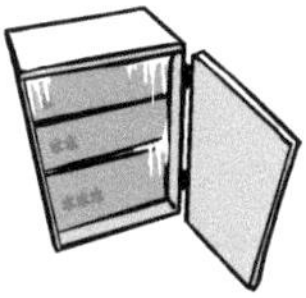

arca frigorífica

مجمّدة

biberão

زجاجة الطفل

torneira

صنبور الماء

casa de banho

الحمّام

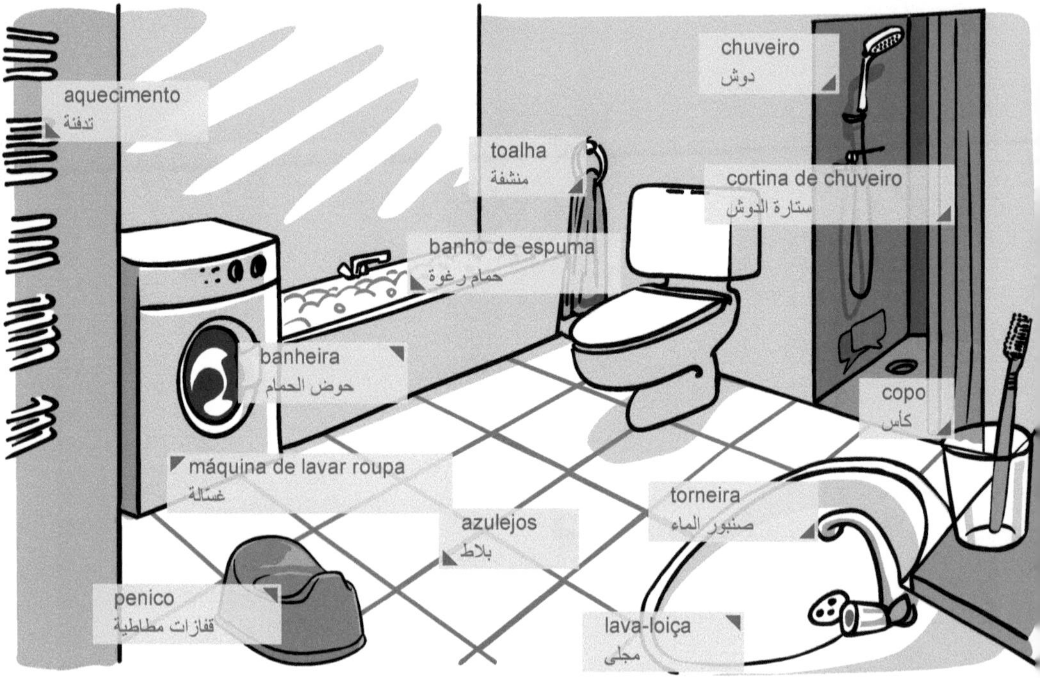

aquecimento
تدفئة
chuveiro
دوش
toalha
منشفة
cortina de chuveiro
ستارة الدوش
banho de espuma
حمام رغوة
banheira
حوض الحمام
copo
كأس
máquina de lavar roupa
غسّالة
torneira
صنبور الماء
azulejos
بلاط
penico
قفازات مطاطية
lava-loiça
مجلى

sanita

حمام

retrete turca

مرحاض القرفصاء

bidé

حوض التشطيف

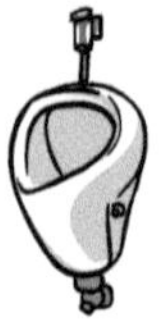

urinol

مبولة

papel higiénico

ورق المرحاض

piaçaba

فرشاة الحمام

escova de dentes

فرشاة الأسنان

pasta de dentes

معجون الأسنان

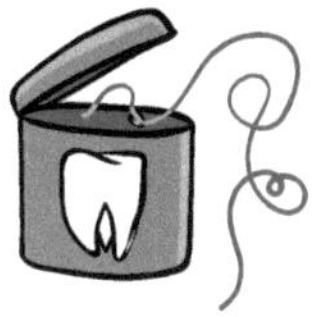

fio dentário

خيط حرير لتنظيف الأسنان

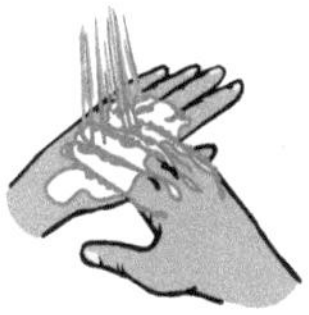

lavar

يغسل

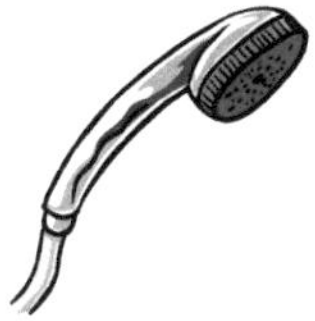

chuveiro de mão

رشاش ماء يدوي

duche íntimo

شطاف

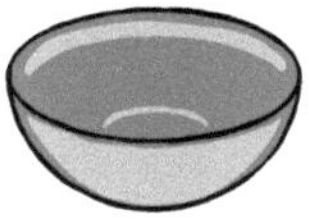

bacia

حوض الغسيل

escova para as costas

فرشاة الظهر

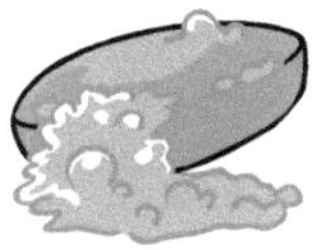

sabonete

صابون

gel de banho

جيل الدوش

champô

شامبو

toalha de rosto

ممسحة

escoamento

مصرف للماء

creme

مرهم

desodorizante

مزيل الروائح

espelho

مرآة

espelho de mão

مرآة يد

máquina de barbear

موس حلاقة

creme de barbear

رغوة الحلاقة

loção pós-barba

كولونيا

pente

مشط

escova

فرشاة

secador de cabelo

سشوار

spray de cabelo

مثبت للشعر

maquilhagem

ماكياج

batom

روج

verniz de unhas

طلاء أظافر

algodão

قطن

tesoura para unhas

مقص أظافر

perfume

عطر

nécessaire

....

سلّة الغسيل

tamborete

....

مقعد صغير

balança

....

ميزان

roupão de banho

....

معطف الحمام

luvas de borracha

....

قفازات مطاطية

tampão

....

سدادة قطنية

penso higiénico

....

منشفة صحية

WC químico

....

تواليت كيميائية

quarto de criança
غرفة الأطفال

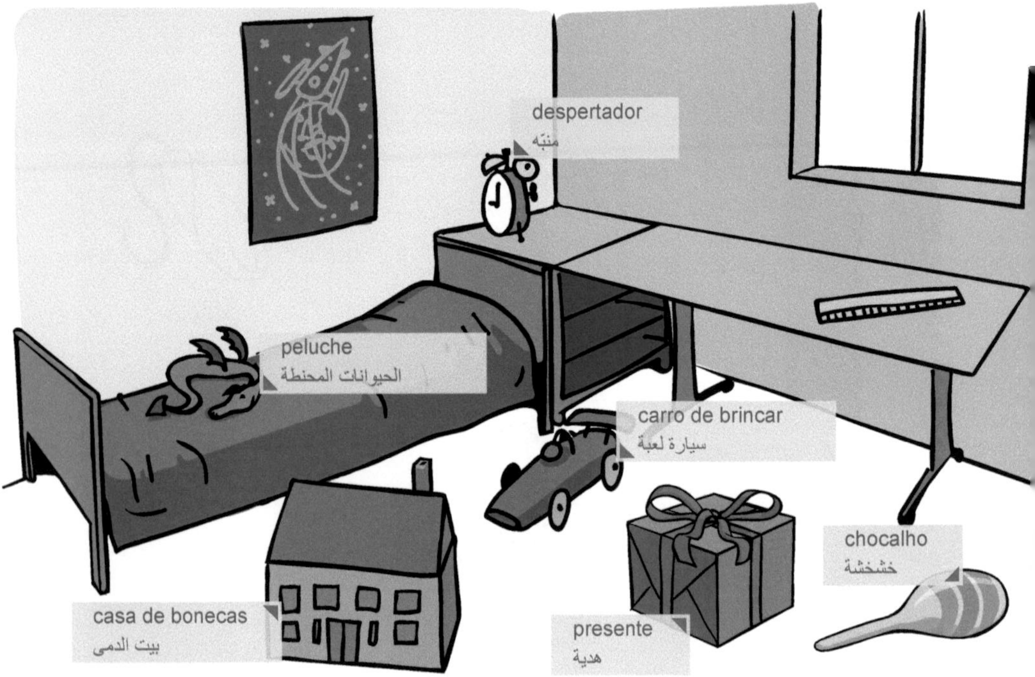

despertador
منبّه
peluche
الحيوانات المحنطة
carro de brincar
سيارة لعبة
chocalho
خشخشة
casa de bonecas
بيت الدمى
presente
هدية

balão
بالون

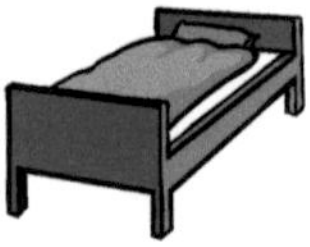

cama
سرير

carrinho de bebé
عربة الأطفال

jogo de cartas
لعبة الورق

quebra-cabeças
أحجية

banda desenhada
رسوم هزلية

peças de Lego

....

أحجار الليغو

blocos de construção

....

حجارة تركيب

figura de ação

....

دمية بطل

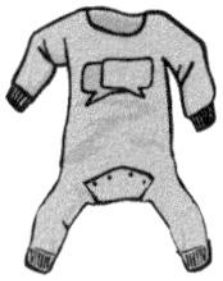

fato de bebé

....

لباس الطفل

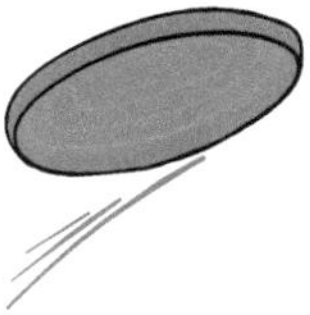

Frisbee

....

فريسبي

móbile para bebé

....

دمية معلقة

jogo de tabuleiro

....

لعبة الطاولة

dados

....

لعبة النرد

pista de comboio elétrico

....

لعبة قطار

chupeta

....

مصّاصة

festa

....

حفلة

livro ilustrado

....

كتاب مصوّر

bola

....

كرة

boneca

....

دمية

jogar

....

يلعب

caixa de areia

ملعب رملي للأطفال

baloiço

أرجوحة

brinquedos

لعبة

consola de jogos

ألعاب فيديو

triciclo

دراجة ثلاثية

ursinho de peluche

دمية على شكل الدب

guarda-roupa

خزانة الثياب

vestuário

ثياب

meias

جوارب قصيرة

meias pelo joelho

جوارب طويلة

meias-calças

جورب بنطلون

cachecol
شال

guarda-chuva
شمسية

t-shirt
تي شيرت

cinto
حزام

sapatilhas
أحذية رياضية

botas
حذاء شتوي

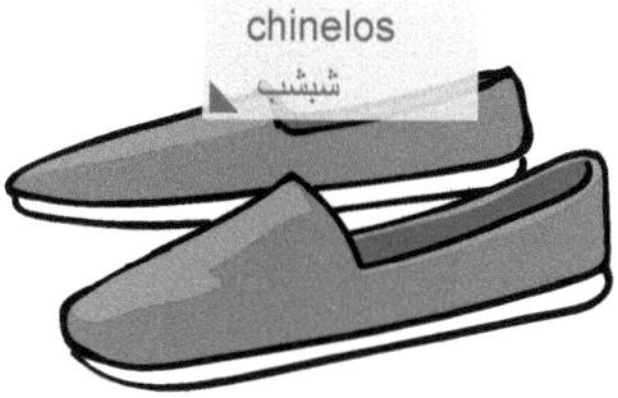
chinelos
شبشب

sandálias

صندل

sapatos

حذاء

botas de borracha

جزمة كاوتشوك

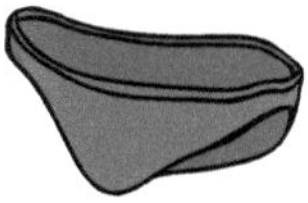

cuecas

سروال داخلي

sutiã

صدّارة

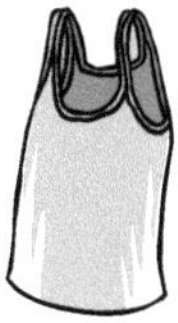

camisola interior

قميص داخلي

body

لباس ملاصق للجسم

calças

بنطلون

calças de ganga

جينز

saia

تنورة

blusa

بلوزة

camisa

قميص

pulôver

سترة قطنية

camisola com capuz

كنزة كم طويل

blazer

سترة فضفاضة

casaco

سترة

manto

معطف

gabardina

معطف مطري

traje

زي - طقم نسائي

vestido

ثوب

vestido de casamento

ثوب الزفاف

fato

طقم

camisa de dormir

قميص نوم

pijama

بيجاما

sari

ساري

lenço de cabeça

حجاب

turbante

عمامة

burca

برقع

cafetã

قفطان

abaya

عباءة

fato de banho

مايوه

calções de banho

سروال سباحة

calções

شرت

fato de treino

بدلة رياضية

avental

مئزر

luvas

قفازات

botão

زر

óculos

نظّارة

pulseira

إسوارة

colar

عقد

anel

خاتم

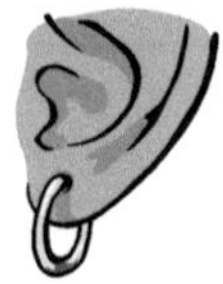

brinco

قرط

boné

طاقيّة

cabide

علاقة ثياب

chapéu

قبّعة

gravata

ربطة العنق

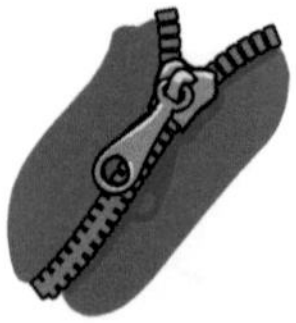

fecho de correr

سحّاب

capacete

خوذة

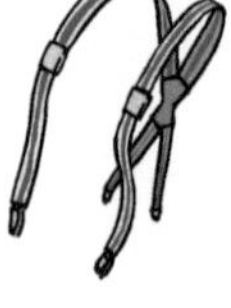

suspensórios

حمّالة البنطلون

uniforme escolar

اللباس المدرسي

uniforme

زي موحّد

babete
مريلة الأطفال

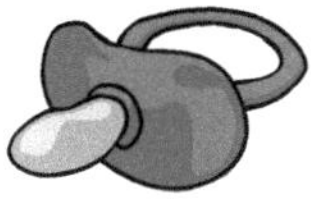
chupeta
مصّاصة

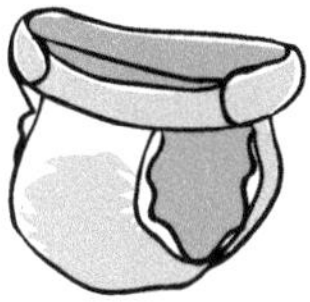
fralda
لفافة

escritório

مكتب

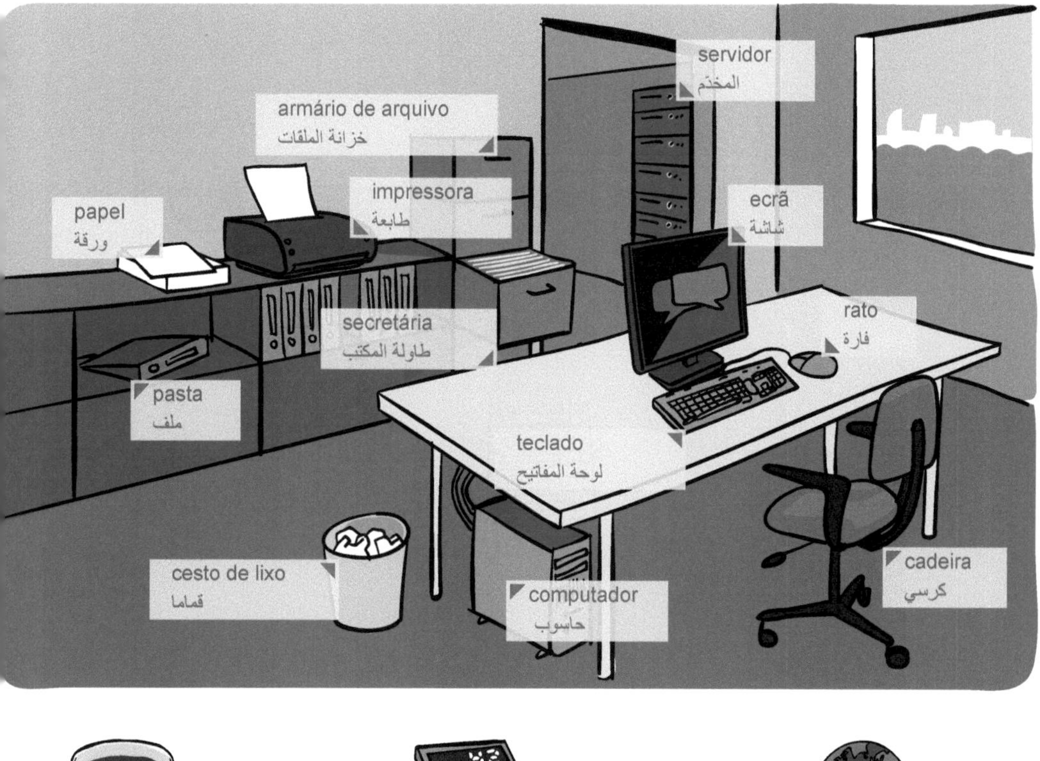

servidor
المخدّم
armário de arquivo
خزانة الملقات
impressora
طابعة
papel
ورقة
ecrã
شاشة
secretária
طاولة المكتب
rato
فارة
pasta
ملف
teclado
لوحة المفاتيح
cesto de lixo
قماما
computador
حاسوب
cadeira
كرسي

caneca de café
كأس من القهوة

calculadora
الآلة الحاسبة

internet
الإنترنت

computador portátil

الحاسوب المحمول

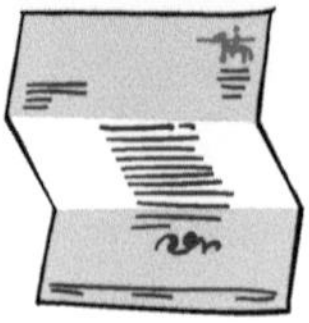

carta

رسالة

mensagem

خبر

telemóvel

الهاتف المحمول

rede

شبكة

fotocopiadora

جهاز تصوير

software

البرمجيات

telefone

هاتف

tomada elétrica

مقبس كهربائي

fax

فاكس

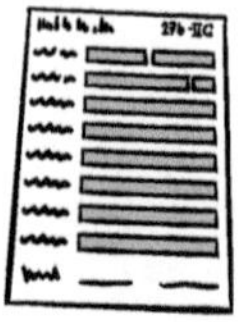

formulário

استمارة

documento

وثيقة

agricultura
اقتصاد

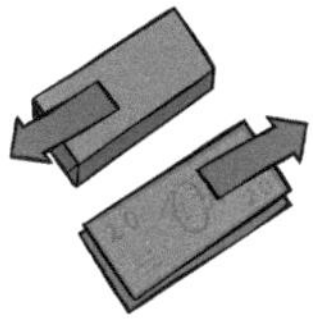

comprar

يشتري

pagar

يدفع

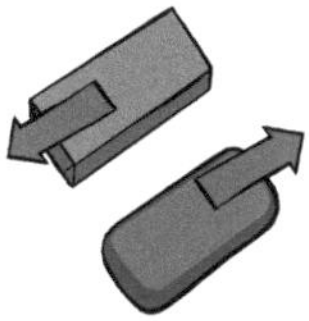

negociar

يتاجر

dinheiro

مال

dólar

دولار

euro

يورو

yen

ين

rublo

روبل

franco suíço

فرنك سويسري

renminbi yuan

يوان

rupia

روبية

caixa de multibanco

صرّاف آلي

casa de câmbio

مكتب صرافة

ouro

ذهب

prata

فضة

petróleo

نفط

energia

طاقة

preço

سعر

contrato

عقد

imposto

ضريبة

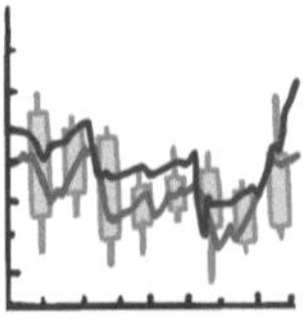

ação

سهم

trabalhar

يعمل

empregado

موظف

entidade patronal

رب العمل

fábrica

مصنع

loja

متجر

profissões
المِهَن

agente da polícia
الشرطي
bombeiro
رجل إطفاء
cozinheiro
طبّاخ
médico
الطبيب
piloto
طيّار

jardineiro

بستاني

carpinteiro

نجّار

costureira

خيّاطة

juiz

قاض

químico

كيميائي

ator

ممثل

motorista de autocarro
....
سائق حافلة

motorista de táxi
....
سائق تاكسي

pescador
....
صياد سمك

empregada de limpeza
....
أجيرة للتنظيف

telhador
....
بنّاء سقف

empregado de mesa
....
نادل

caçador
....
صيّاد

pintor
....
رسّام

padeiro
....
خباز

eletricista
....
كهربائي

construtor
....
عامل بناء

engenheiro
....
مهندس

talhante
....
لحّام

canalizador
....
سمكري

carteiro
....
ساعي البريد

soldado

....

جندي

arquiteto

....

مهندس معماري

caixa

....

أمين صندوق

florista

....

بائع الزهور

cabeleireiro

....

حلاق

controlador de bilhetes

....

مراقب القطار

mecânico

....

ميكانيكي

capitão

....

قبطان

dentista

....

طبيب أسنان

cientista

....

رجل العلم

rabino

....

حاخام

imã

....

إمام

monge

....

راهب

pastor

....

كاهن

ferramentas
عدة عمل

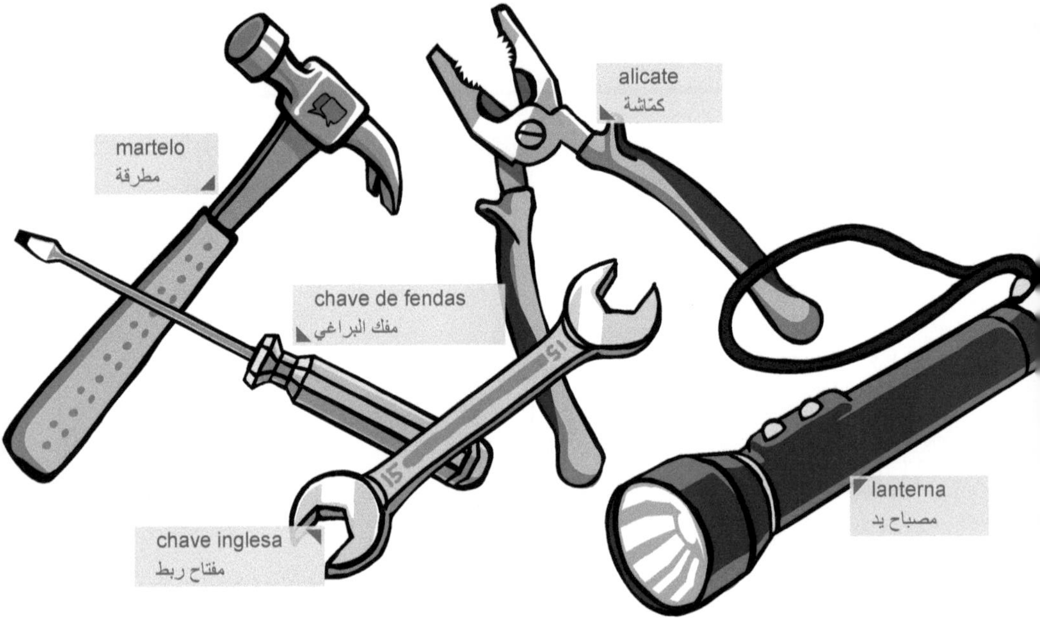

martelo
مطرقة
alicate
كمّاشة
chave de fendas
مفك البراغي
chave inglesa
مفتاح ربط
lanterna
مصباح يد

escavadora

جرافة

caixa de ferramentas

صندوق العدة

escadote

سلّم

serra

منشار

pregos

مسامير

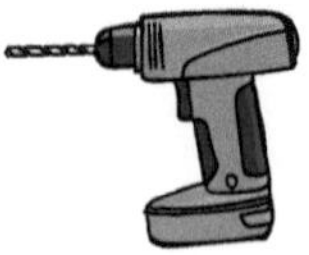

broca

مثقب

reparar

يصلح

pá

مجرفة

porcaria!

اللعنة

pá de lixo

لقاطة الكناسة

pote de tinta

سطل الألوان

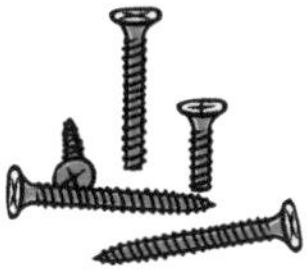

parafusos

براغي

instrumentos musicais

آلات موسيقية

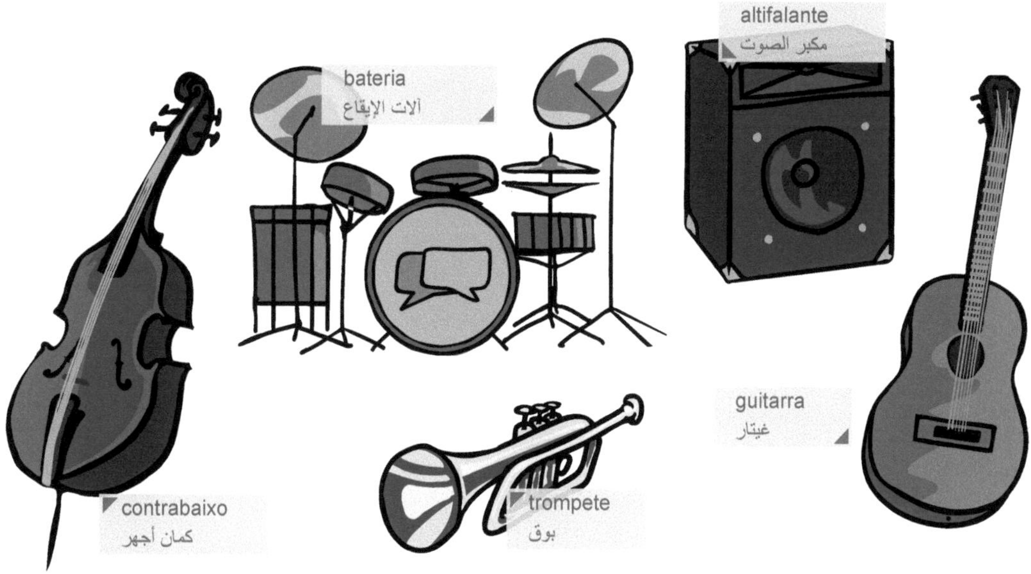
altifalante
مكبر الصوت
bateria
آلات الإيقاع
guitarra
غيتار
contrabaixo
كمان أجهر
trompete
بوق

piano

بيانو

violino

كمنجة

baixo

جهير

timbales

طبل كبير

tambor

طبل

teclado

بيانو كهربائي

saxofone

ساكسوفون

flauta

ناي

microfone

ميكروفون

jardim zoológico
حديقة حيوانات

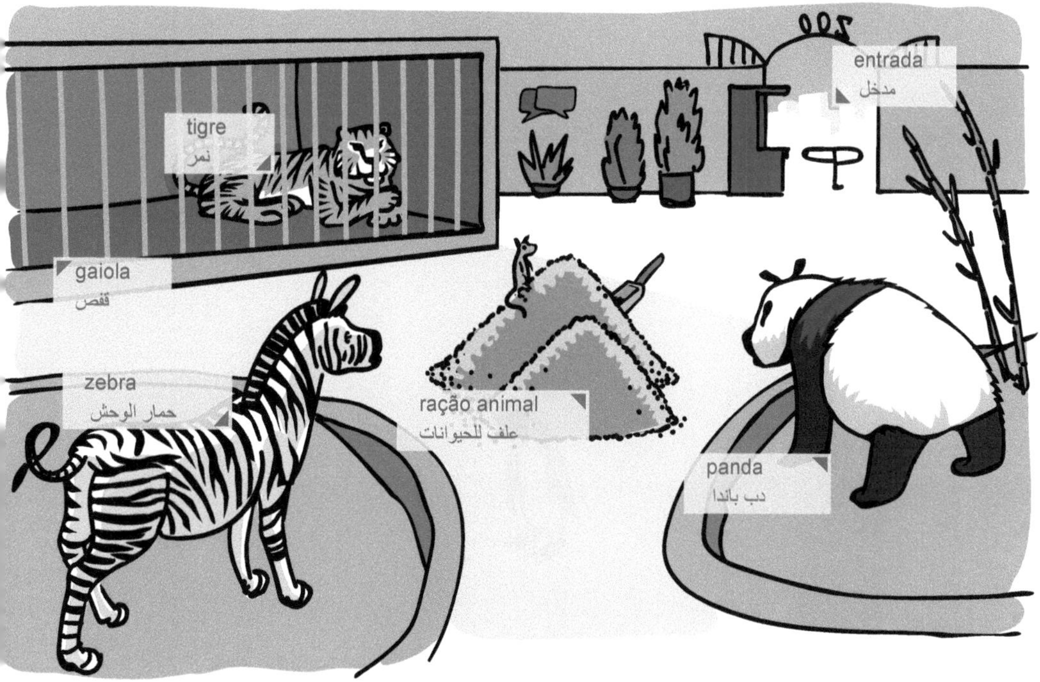
tigre
نمر
gaiola
قفص
zebra
حمار الوحش
ração animal
علف للحيوانات
panda
دب باندا
entrada
مدخل

animais
حيوانات

elefante
فيل

canguru
كنغر

rinoceronte
وحيد القرن

gorila
غوريلا

urso
دب

camelo

جمل

avestruz

نعامة

leão

أسد

macaco

قرد

flamingo

طائر فلامينغو

papagaio

ببغاء

urso polar

دب قطبي

pinguim

بطريق

tubarão

سمك القرش

pavão

طاووس

cobra

أفعى

crocodilo

تمساح

guarda do jardim zoológico

حارس في حديقة الحيوان

foca

عجل البحر

jaguar

نمر أمريكي مرقط

pónei

فرس قزم

leopardo

نمر

hipopótamo

فرس النهر

girafa

زرافة

águia

نسر

javali

خنزير برّي

peixe

سمك

tartaruga

سلحفاة

morsa

حيوان فظ البحري

raposa

ثعلب

gazela

غزال

desporto
رياضة

futebol americano
كرة القدم الأمريكية
ciclismo
ركوب الدراجات
ténis
كرة التنس
basquetebol
كرة السلة
natação
السباحة
boxe
الملاكمة
hóquei no gelo
هوكي الجليد

futebol

كرة القدم

badminton

الريشة الطائرة

atletismo

ألعاب القوى الخفيفة

andebol

كرة اليد

esqui

التزلج على الثلج

polo

بولو

atividades
نشاطات

rir
يضحك
saltar
يقفز
abraçar
يعانق
andar
يمشي
cantar
يغني
sonhar
يحلم
rezar
يصلي
beijar
يقبل

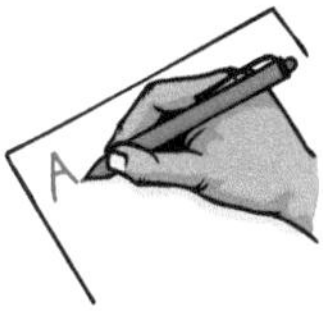

escrever
يكتب

desenhar
يرسم

mostrar
يُري

empurrar
يدفع

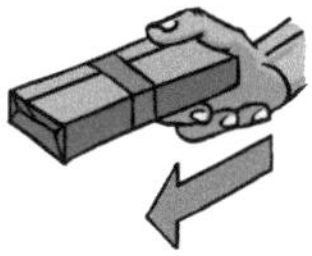

dar
يعطي

tomar
يأخذ

ter

يملك

fazer

يعمل

ser

يوجد

ficar de pé

يقف

correr

يركض

puxar

يسحب

remessar

يرمي

cair

يقع

deitar

يستلقي

esperar

ينتظر

carregar

يحمل

sentar

يجلس

vestir

يلبس

dormir

ينام

acordar

يستيقظ

olhar para

ينظر إلى ..

chorar

يبكي

acariciar

يمسّد

pentear

يمشّط

falar

يتكلم

compreender

يفهم

perguntar

يسأل

ouvir

يسمع

beber

يشرب

comer

يأكل

arrumar

يرتب

amar

يحب

cozinhar

يطبخ

conduzir

يقود

voar

يطير

velejar
....
يبحر بزورق شراعي

calcular
....
يحسب

ler
....
يقرأ

aprender
....
يتعلم

trabalhar
....
يعمل

casar
....
يتزوج

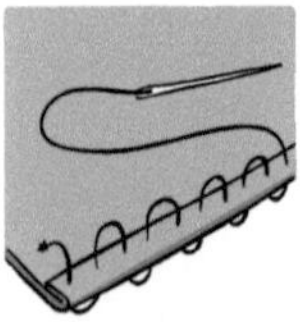

costurar
....
يخيط

escovar os dentes
....
ينظف أسنانه

matar
....
يقتل

fumar
....
يدخن

enviar
....
يرسل

família
عائلة

avó
جدّة
avô
جدّ
pai
أب
mãe
أم
bebé
الطفل
filha
ابنة
filho
ابن

convidado

ضيف

tia

عمّة / خالة

tio

عمّ / خال

irmão

أخ

irmã

أخت

corpo

الجسم

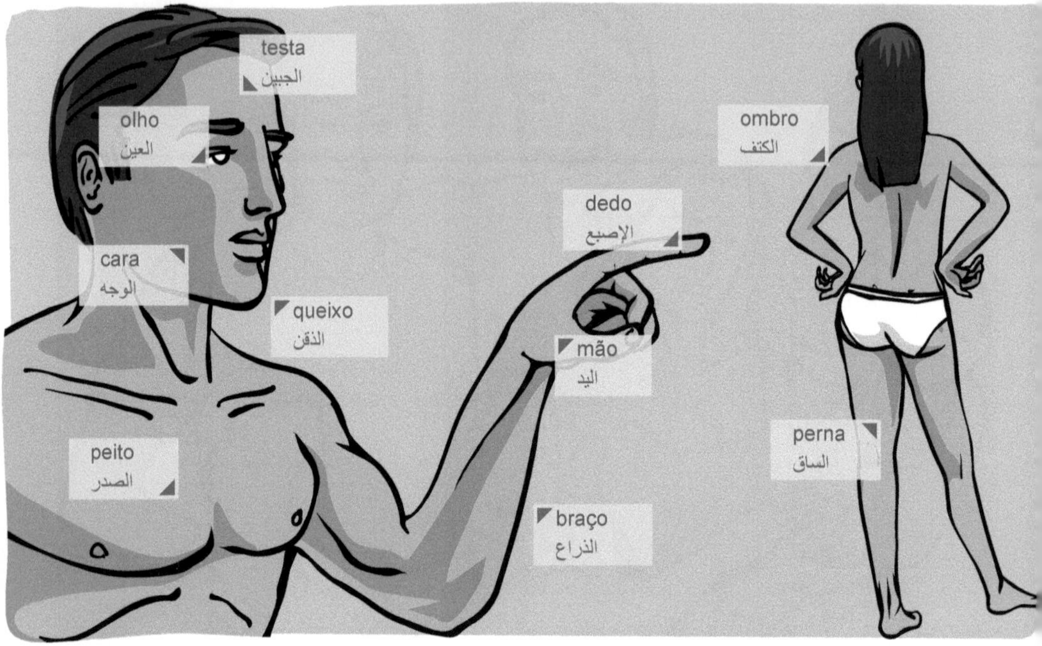
testa
الجبين
olho
العين
ombro
الكتف
dedo
الإصبع
cara
الوجه
queixo
الذقن
mão
اليد
perna
الساق
peito
الصدر
braço
الذراع

bebé
الطفل

homem
الرجل

mulher
المرأة

menina
البنت

menino
الولد

cabeça
الرأس

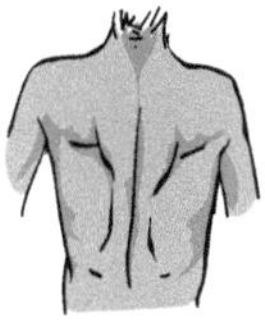

costas

الظهر

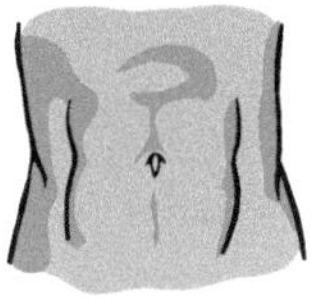

barriga

البطن

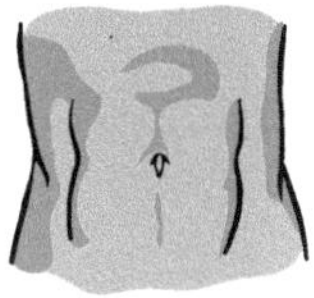

umbigo

السرّة

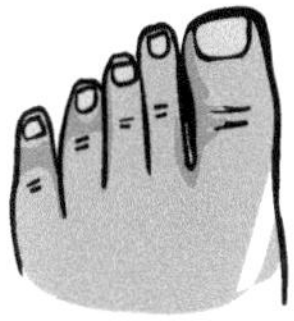

dedo do pé

إصبع القدم

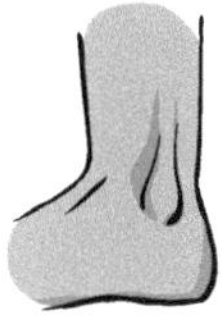

calcanhar

الكعب

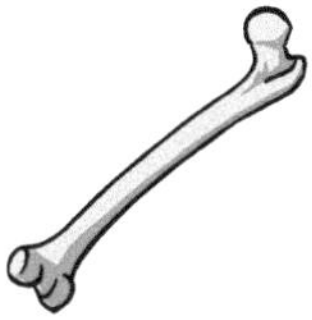

osso

العظم

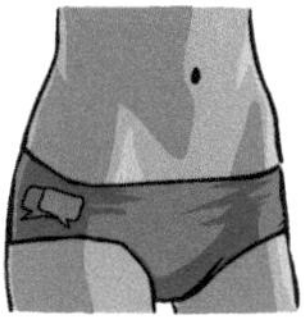

anca

الورك

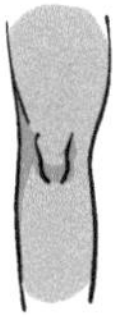

joelho

الركبة

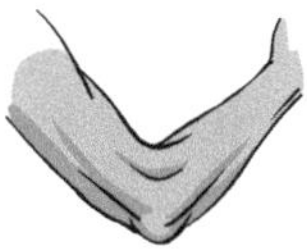

cotovelo

المِرفق

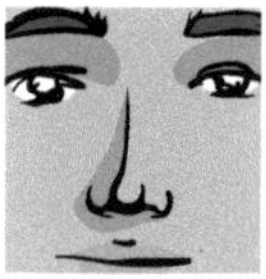

nariz

الأنف

nádegas

العَجُز

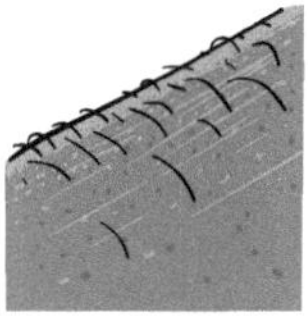

pele

البشرة

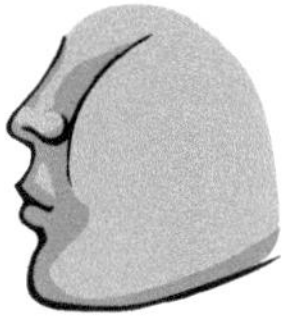

bochecha

الخد

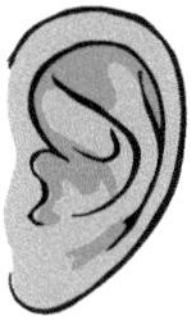

orelha

الأذن

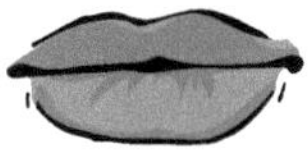

lábio

الشفة

boca

الفم

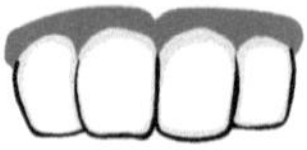

dente

السن

língua

اللسان

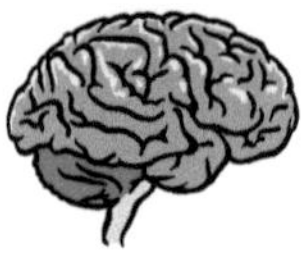

cérebro

الدماغ

coração

القلب

músculo

العضلة

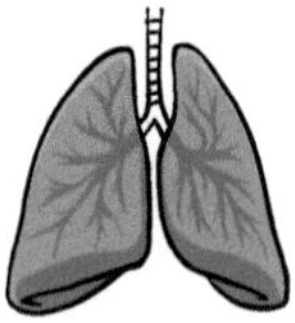

pulmão

الرئة

fígado

الكبد

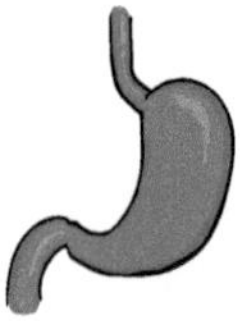

estômago

المعدة

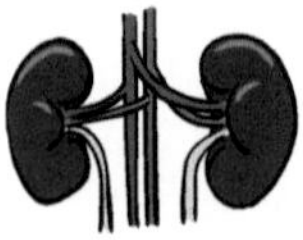

rins

الكِلى

relações sexuais

الاتصال الجنسي

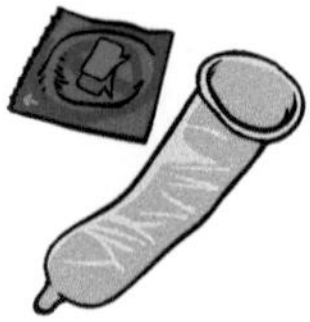

preservativo

الواقي المطاطي

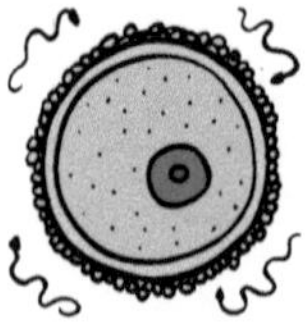

óvulo

البويضة

esperma

المنيّ

gravidez

الحمل

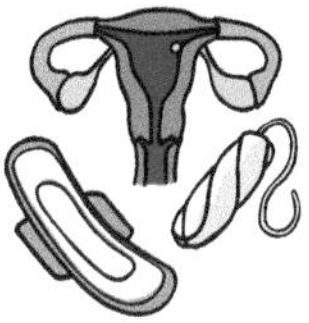

menstruação

الحيض

vagina

المهبل

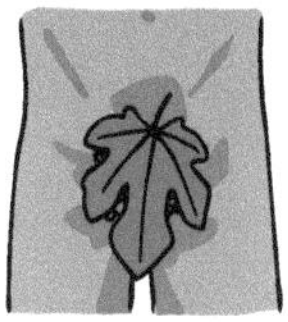

pénis

القضيب

sobrancelha

الحاجب

cabelo

الشعر

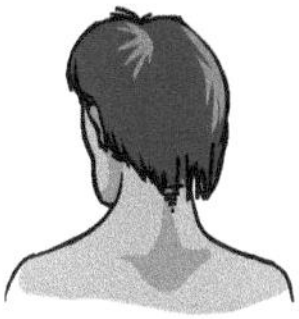

pescoço

الرقبة

hospital
المستشفى

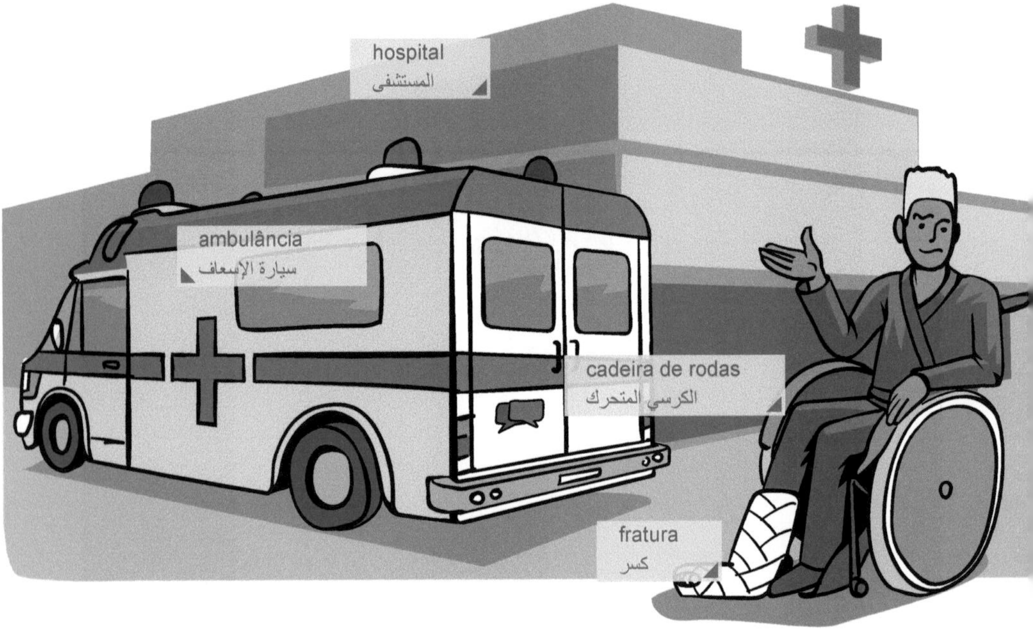
hospital
المستشفى
ambulância
سيارة الإسعاف
cadeira de rodas
الكرسي المتحرك
fratura
كسر

médico
الطبيب

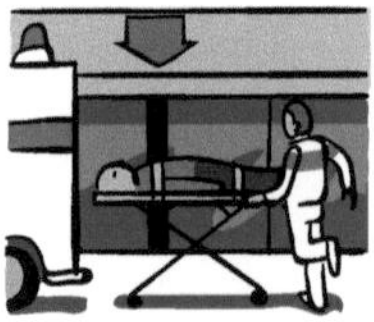

serviço de urgências
غرفة الإسعاف

enfermeira
الممرضة

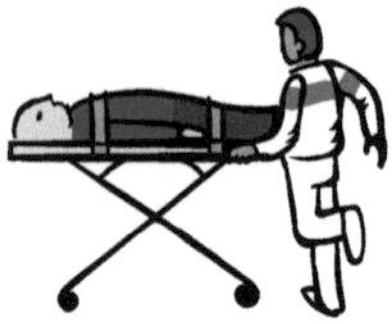

emergência
حالة

inconsciente
مغمى عليه

dor
الألم

ferimento

إصابة

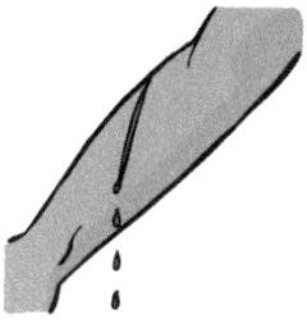

hemorragia

النزيف

ataque cardíaco

احتشاء القلب

acidente vascular cerebral

جلطة

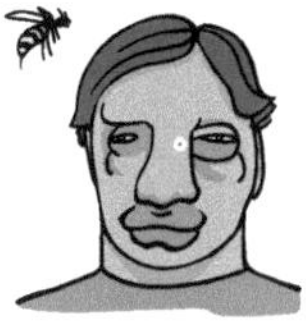

alergia

حسسية

tosse

السعال

febre

الحُمّى

gripe

إنفلونزا

diarreia

الإسهال

dor de cabeça

وجع الرأس

cancro

السرطان

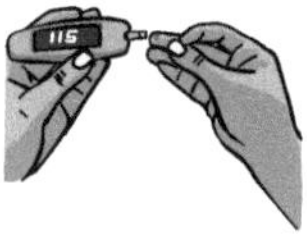

diabetes

مرض السكر

cirurgião

جرّاح

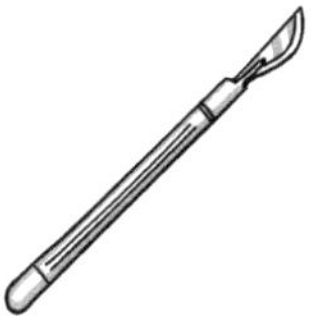

bisturi

مبضع

operação

عملية

CT

سيتي سكان

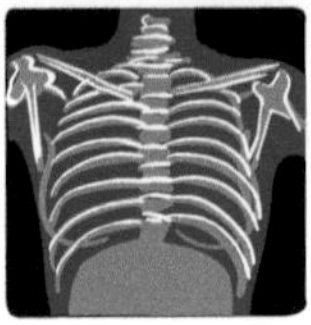

raio x

الأشعة السينية

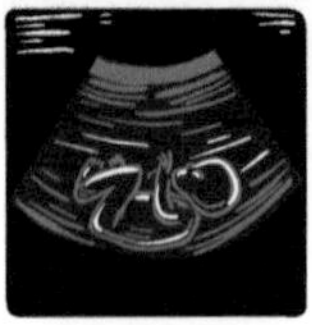

ultrassom

فوق الصوتي

máscara

القناع

doença

المرض

sala de espera

غرفة الانتظار

muleta

العُكاز

penso rápido

شريط لاصق

ligadura

ضماد

injeção

حقنة

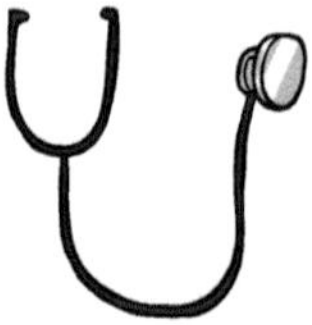

estetoscópio

سمّاعة الطبيب

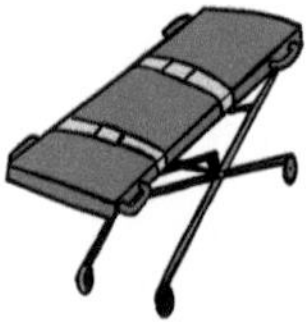

maca

نقالة

termómetro

ميزان حرارة

nascimento

ولادة

excesso de peso

وزن زائد

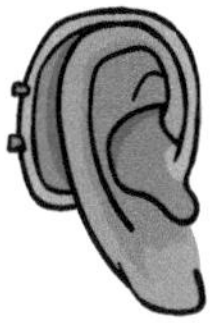

aparelho auditivo

جهاز السمع

desinfetante

المواد المعقمة

infeção

عدوى

vírus

فيروس

HIV / SIDA

الإيدز

medicamento

الطب

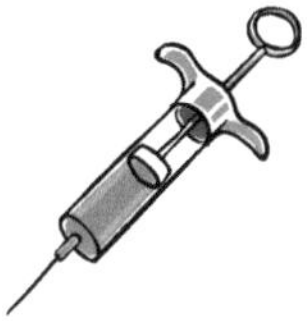

vacinação

اللقاح

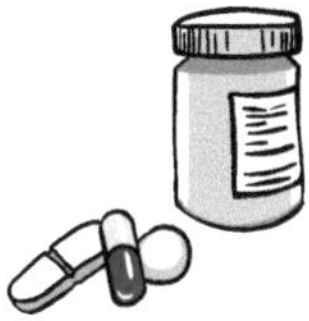

comprimidos

أقراص الدواء

pílula

حبّة الدواء

chamada de emergência

نداء النجدة

dispositivo de medição de pressão arterial

مقياس ضغط الدم

doente / saudável

مريض / صحيح

emergência

حالة

Socorro!

النجدة!

alarme

إنذار

assalto

اعتداء

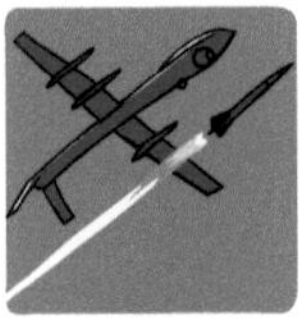

ataque

هجوم

perigo

خطر

saída de emergência

مخرج طوارى

Fogo!

حريق!

extintor de incêndios

جهاز الإطفاء

acidente

حادث

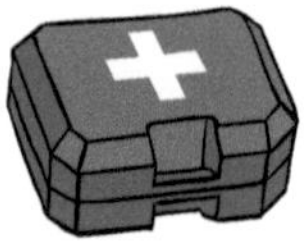

estojo de primeiros socorros

حقيبة الإسعاف الأولي

SOS

أنقذونا

polícia

الشرطة

terra
أرض

Europa

أوروبا

América do Norte

أمريكا الشمالية

América do Sul

أمريكا الجنوبية

África

أفريقيا

Ásia

آسيا

Austrália

أستراليا

Atlântico

المحيط الأطلسي

Pacífico

المحيط الهادي

Oceano Índico

المحيط الهندي

Oceano Antártico

المحيط المتجمد الجنوبي

Oceano Ártico

المحيط المتجمد الشمالي

Polo Norte

القطب الشمالي

Polo Sul

القطب الجنوبي

Antártica

منطقة القطب الجنوبي

terra

أرض

país

بر

mar

بحر

ilha

جزيرة

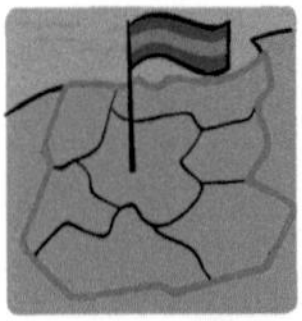

nação

أمة

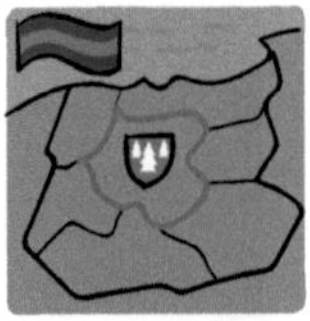

estado

دولة

relógio
ساعة

mostrador do relógio

ميناء الساعة

ponteiro das horas

عقرب الساعات

ponteiro dos minutos

عقرب الدقائق

ponteiro dos segundos

عقرب الثواني

Que horas são?

كم الساعة الآن؟

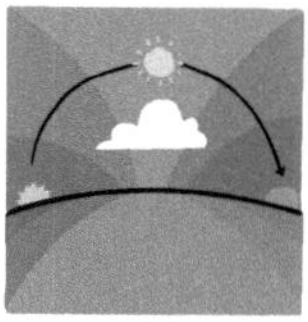

dia

يوم

tempo

زمن

agora

الآن

relógio digital

ساعة رقمية

minuto

دقيقة

hora

ساعة

semana

أسبوع

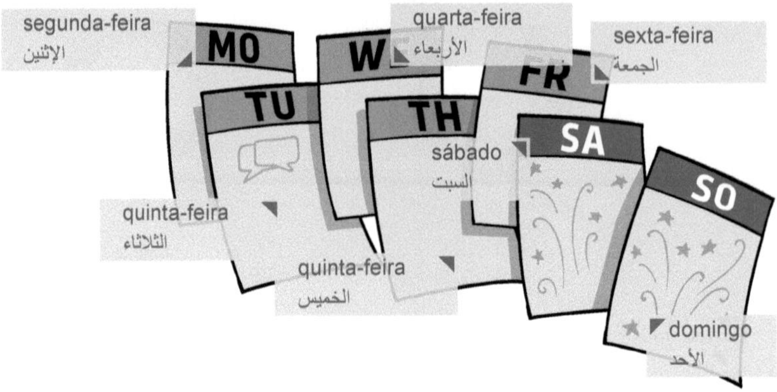

segunda-feira
الإثنين
MO
quarta-feira
الأربعاء
W
sexta-feira
الجمعة
FR
TU
TH
sábado
السبت
SA
SO
quinta-feira
الثلاثاء
quinta-feira
الخميس
domingo
الأحد

TUE
MON
21

ontem

الأمس

TUE
2

hoje

اليوم

TUE
3

amanhã

غداً

manhã

الصباح

meio-dia

الظهر

entardecer

المساء

MO TU WE TH FR SA SU
1 2 3 4 5 6 7
8 9 10 11 12 13 14
15 16 17 18 19 20 21
22 23 24 25 26 27 28
29 30 31 1 2 3 4

dias úteis

أيام العمل

MO TU WE TH FR SA SU
1 2 3 4 5 6 7
8 9 10 11 12 13 14
15 16 17 18 19 20 21
22 23 24 25 26 27 28
29 30 31 1 2 3 4

fim de semana

نهاية الأسبوع

ano
سنة

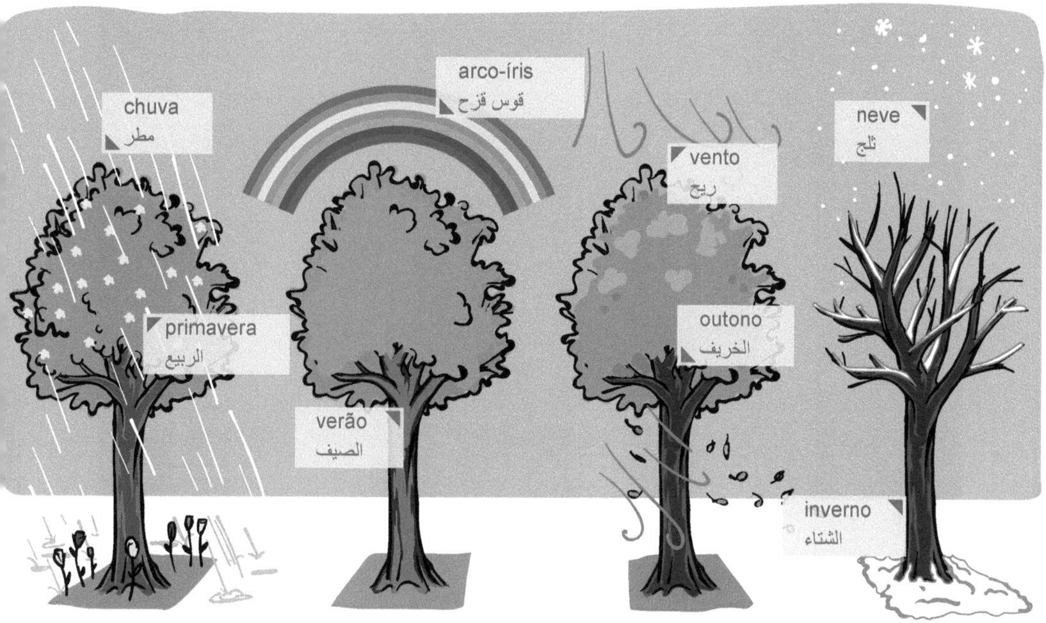
chuva
مطر
arco-íris
قوس قزح
neve
ثلج
vento
ريح
primavera
الربيع
outono
الخريف
verão
الصيف
inverno
الشتاء

4.APRIL 11°
5.APRIL 4°
6.APRIL 13°
7.APRIL 8°
8.APRIL 10°

previsão do tempo

التنبؤ بالحالة الجوية

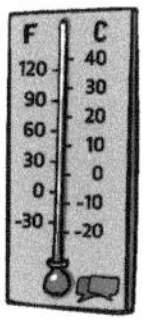
F C
120 40
90 30
60 20
30 10
0 0
-30 -10
-20

termómetro

مقياس حرارة

raios de sol

ضوء الشمس

nuvem

سحابة

neblina / nevoeiro

ضباب

humidade do ar

رطوبة الجو

relâmpago

برق

trovão

رعد

tempestade

عاصفة

granizo

بَرَد

monção

ريح موسمية

inundação

طوفان

gelo

جليد

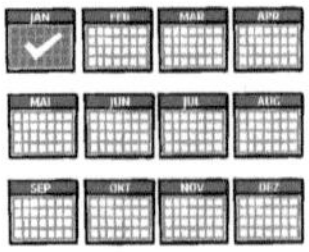

janeiro

كانون الثاني / يناير

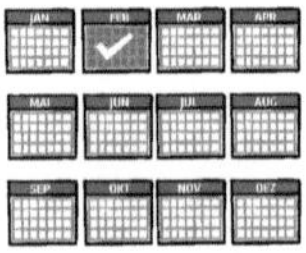

fevereiro

شباط / فبراير

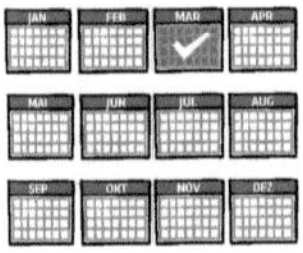

março

آذار / مارس

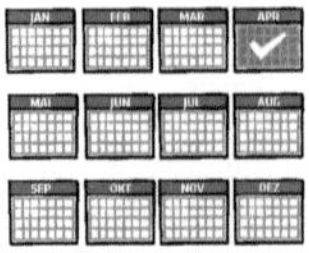

abril

نيسان / أبريل

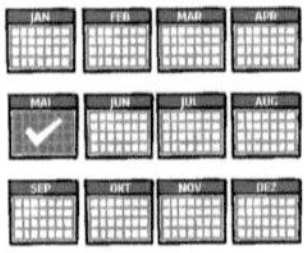

maio

أيار / مايو

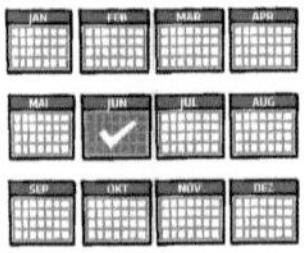

junho

حزيران / يونيو

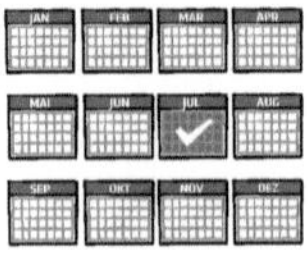

julho

تموز / يوليو

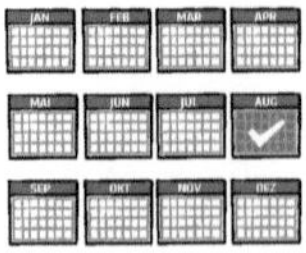

agosto

آب / أغسطس

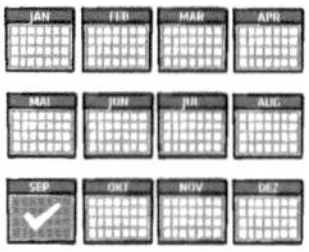

setembro

أيلول / سبتمبر

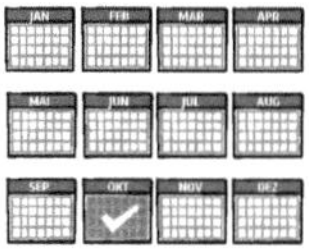

outubro

تشرين الأول / أكتوبر

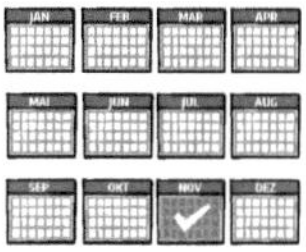

novembro

تشرين الثاني / نوفمبر

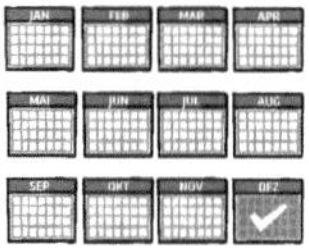

dezembro

كانون الأول / ديسمبر

formas

أشكال

círculo

دائرة

quadrado

مربّع

retângulo

مستطيل

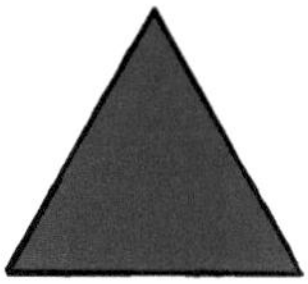

triângulo

مثلّث

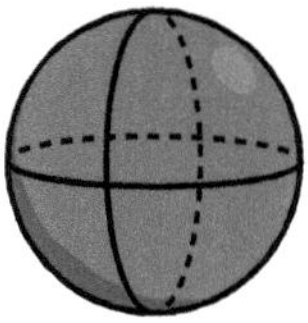

esfera

كرة

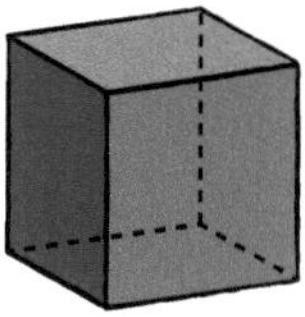

cubo

مكعب

cores

ألوان

branco

أبيض

amarelo

أصفر

laranja

برتقالي

rosa

وردي

vermelho

أحمر

lilás

بنفسجي

azul

أزرق

verde

أخضر

castanho

بنّي

cinzento

رمادي

preto

أسود

opostos

الأضداد

muito / pouco

كثير / قليل

furioso / calmo

غضبان / هادئ

lindo / feio

جميل / قبيح

princípio / fim

بداية / نهاية

grande / pequeno

كبير / صغير

claro / escuro

فاتح / قاتم

irmão / irmã

أخ / أخت

limpo / sujo

نظيف / وسخ

completo / incompleto

كامل / ناقص

dia / noite

نهار / ليل

morto / vivo

ميت / حيّ

largo / estreito

عريض / ضيّق

comestível / não comestível

صالح للأكل / غير صالح

mau / gentil

شرّير / لطيف

entusiasmado / entediado

مثير / ممل

gordo / magro

سمين / نحيف

primeiro / último

أولاً / أخيراً

amigo / inimigo

صديق / عدو

cheio / vazio

مليء / فارغ

duro / macio

صلب / ليّن

pesado / leve

ثقيل / خفيف

fome / sede

جوع / عطش

doente / saudável

مريض / صحيح

ilegal / legal

غير شرعي / شرعي

inteligente / burro

ذكي / غبي

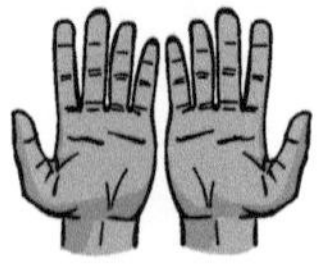

esquerda / direita

يسار / يمين

perto / longe

قريب / بعيد

novo / usado

جديد / مستعمل

nada / algo

لا شيء / بعض الشيء

velho / jovem

مسِن / شاب

ligado / desligado

يشعل / يطفئ

aberto / fechado

مفتوح / مغلق

baixo / alto

خافت / عالٍ

rico / pobre

غني / فقير

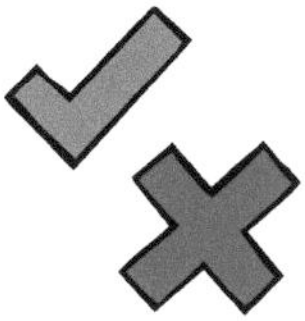

certo / errado

صح / خطأ

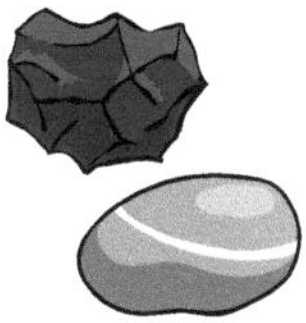

áspero / liso

أحرش / املس

triste / feliz

حزين / سعيد

curto / longo

قصير / طويل

lento / rápido

بطيء / سريع

molhado / seco

مبلول / جاف

ameno / fresco

ساخن / بارد

guerra / paz

حرب / سلم

números
أرقام

0	1	2
zero	um	dois
صفر	واحد	اثنان
3	4	5
três	quatro	cinco
ثلاثة	أربعة	خمسة
6	7	8
seis	sete	oito
ستة	سبعة	ثمانية
9	10	11
nove	dez	onze
تسعة	عشرة	أحد عشر

12	13	14
doze	treze	catorze
اثنا عشر	ثلاثة عشر	أربعة عشر
15	16	17
quinze	dezasseis	dezassete
خمسة عشر	ستة عشر	سبعة عشر
18	19	20
dezoito	dezanove	vinte
ثمانية عشر	تسعة عشر	عشرون
100	1.000	1.000.000
cem	mil	milhão
مائة	ألف	مليون

idiomas

اللغات

inglês

الإنكليزية

inglês americano

الإنكليزية الأمريكية

chinês mandarim

لغة ماندارين الصينية

hindi

الهندية

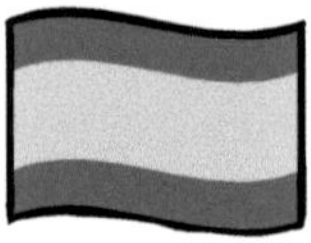

espanhol

الإسبانية

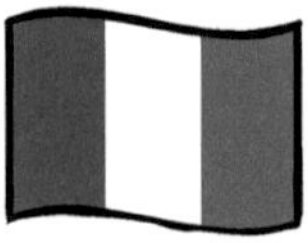

francês

الفرنسية

árabe

العربية

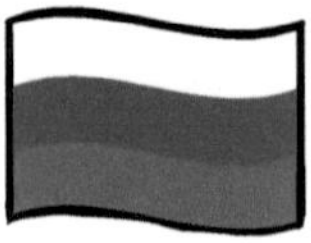

russo

الروسية

português

البرتغالية

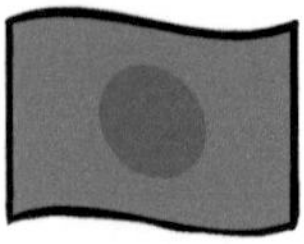

bengalês

البنغالية

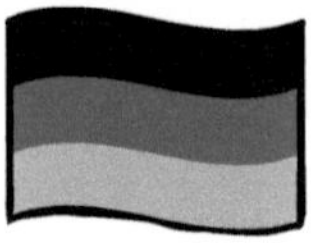

alemão

الألمانية

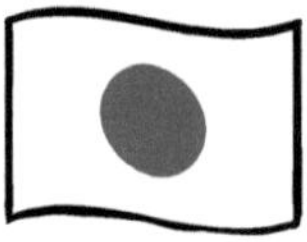

japonês

اليابانية

quem / o quê / como
من / ماذا / كيف

eu

أنا

tu

أنت

ele / ela

هو / هي

nós

نحن

vós

أنتم

eles / elas

هم

quem?

من؟

o quê?

ماذا؟

como?

كيف؟

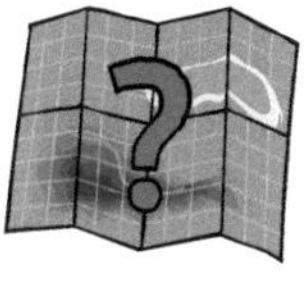

onde?

أين؟

quando?

متى؟

nome

اسم

onde

أين

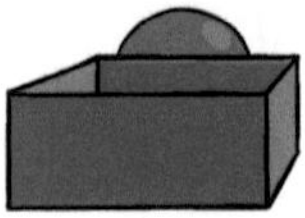

atrás

خلف

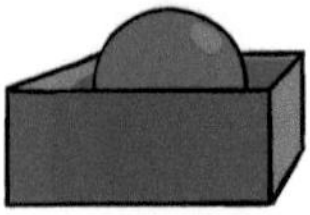

em

في

à frente de

أمام

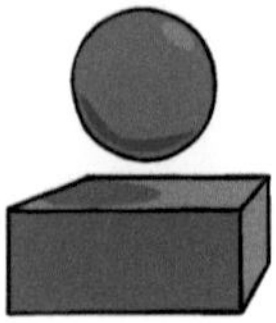

sobre

فوق

em cima

على

debaixo

تحت

ao lado

جنب

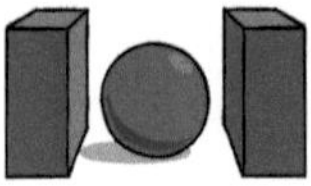

entre

بين

lugar

مكان